Schüler*innen und Studierende motiviere

Monika E. Badewitz · Felicia Teske · Oliver Dickhäuser

# Schüler*innen und Studierende motivieren

Gedanken verändern - Leistung steigern

Monika E. Badewitz  
Köln, Deutschland

Felicia Teske  
Mannheim, Deutschland

Oliver Dickhäuser  
Mannheim, Deutschland

ISBN 978-3-658-32515-2     ISBN 978-3-658-32516-9   (eBook)  
https://doi.org/10.1007/978-3-658-32516-9

Die Deutsche Nationalbibliothek verzeichnet diese Publikation in der Deutschen Nationalbibliografie; detaillierte bibliografische Daten sind im Internet über http://dnb.d-nb.de abrufbar.

© Springer Fachmedien Wiesbaden GmbH, ein Teil von Springer Nature 2021  
Das Werk einschließlich aller seiner Teile ist urheberrechtlich geschützt. Jede Verwertung, die nicht ausdrücklich vom Urheberrechtsgesetz zugelassen ist, bedarf der vorherigen Zustimmung des Verlags. Das gilt insbesondere für Vervielfältigungen, Bearbeitungen, Übersetzungen, Mikroverfilmungen und die Einspeicherung und Verarbeitung in elektronischen Systemen.  
Die Wiedergabe von allgemein beschreibenden Bezeichnungen, Marken, Unternehmensnamen etc. in diesem Werk bedeutet nicht, dass diese frei durch jedermann benutzt werden dürfen. Die Berechtigung zur Benutzung unterliegt, auch ohne gesonderten Hinweis hierzu, den Regeln des Markenrechts. Die Rechte des jeweiligen Zeicheninhabers sind zu beachten.  
Der Verlag, die Autoren und die Herausgeber gehen davon aus, dass die Angaben und Informationen in diesem Werk zum Zeitpunkt der Veröffentlichung vollständig und korrekt sind. Weder der Verlag, noch die Autoren oder die Herausgeber übernehmen, ausdrücklich oder implizit, Gewähr für den Inhalt des Werkes, etwaige Fehler oder Äußerungen. Der Verlag bleibt im Hinblick auf geografische Zuordnungen und Gebietsbezeichnungen in veröffentlichten Karten und Institutionsadressen neutral.

Titelbild: Nr. 1010059538 © istock  
Planung/Lektorat: Eva Brechtel-Wahl

Springer ist ein Imprint der eingetragenen Gesellschaft Springer Fachmedien Wiesbaden GmbH und ist ein Teil von Springer Nature.  
Die Anschrift der Gesellschaft ist: Abraham-Lincoln-Str. 46, 65189 Wiesbaden, Germany

# Vorwort

Wer kennt das nicht? Man hat ein Ziel vor Augen, tut viel dafür, um es zu erreichen und am Ende scheitert man doch. Die ganze Mühe war umsonst. Woran lag es, dass sich der erhoffte Erfolg nicht einstellte?

Für Misserfolge kann es viele verschiedene Ursachen geben. So könnte die Ursache zum Beispiel in den äußeren Umständen, dem eigenen mangelnden Können oder in einer falschen Herangehensweise liegen. Die Erklärungen, die man für seine Misserfolge findet, können beeinflussen, wie man in zukünftigen Situationen handelt. Gerade wenn für Misserfolge Ursachen gesehen werden, die nicht beeinflussbar sind, kommt es häufig dazu, dass die eigene Motivation abnimmt, ein bestimmtes Verhalten – wie etwa eine intensive Vorbereitung – zu zeigen. Die innere Logik dahinter lautet: Wieso sollte man sich das nächste Mal wieder abmühen, wenn die Erreichung des Ziels vermeintlich nicht in der eigenen Macht steht? Ob als Ursache für den Misserfolg nun die eigenen mangelnden Fähigkeiten oder auch unbeeinflussbare äußere Umstände wie ein unfairer Wettbewerb gesehen werden; das nächste Mal wird man sich sicher nicht noch einmal so ins Zeug legen, um dieses Ziel zu verfolgen.

Für die Motivation wäre es förderlicher, wenn die Ursachen für den Misserfolg in selbst beeinflussbaren Faktoren gesehen werden. So könnte es eine durchaus plausible Erklärung sein, die falsche Strategie angewendet zu haben, oder aber, dass der Grund für das Scheitern eine zu geringe Anstrengung war. In der Folge dieser Art von persönlichen Erklärungen für das Ergebnis des eigenen Verhaltens ist es wahrscheinlicher, dass man motiviert ist, ein ähnliches Ziel in Zukunft erneut zu verfolgen. Denn: Es gibt eine Aussicht, zukünftig doch noch erfolgreich bei der Zielerreichung zu sein. Das eigene Verhalten muss nur entsprechend der gefundenen Ursache für den Misserfolg angepasst werden.

All diese Erklärungen, die für Ergebnisse des eigenen Handelns gesucht werden und zukünftiges Handeln beeinflussen können, gehen uns in Form von Gedanken durch den Kopf. Der vorliegende Band beschäftigt sich mit solchen Ursachenerklärungen und den Möglichkeiten, diese in motivationsförderlicherer Weise zu verändern. Im Bildungskontext kann sich die Motivation von Lernenden in vielfältiger Art und Weise auf deren Verhalten und ihre Leistung auswirken. Ob es sich um Schüler*innen oder Studierende handelt, sie alle müssen Motivation aufbringen, um sich zu konzentrieren, zu lernen, über längere Phasen hinweg ausdauernd zu sein und um schlussendlich gute Leistungen zu erlangen. Ziel dieses Bandes ist es, Lehrkräften Wege aufzuzeigen, die Motivation ihrer Schüler*innen oder Studierenden insbesondere durch die Nutzung guter, motivationszuträglicher Ursachenerklärungen zu stärken und zu fördern.

Der vorliegende Band besteht aus drei Teilen. Der erste Teil vermittelt die theoretischen Grundlagen der Motivationsförderung. Der zweite Teil gibt Lehrkräften konkrete Materialien an die Hand, um selbstständig Übungen zur Motivationsförderung mit Lernenden durchzuführen. Der dritte Teil geht auf spezielle Herausforderungen ein, die bei der Motivationsförderung auftreten können.

In Teil I werden die theoretischen Grundlagen in drei Kapiteln erläutert. Hierzu wird in Kap. 1 zunächst darauf eingegangen, was Motivation konkret ist und welche Faktoren einen Einfluss darauf haben, ob Personen motiviert sind. Zudem werden die Folgen von Motivation für Verhalten und Leistung einer Person dargestellt. Kap. 2 beschäftigt sich mit sogenannten Ursachenerklärungen als zentrale Faktoren, die für die Motivation von Personen verantwortlich sind. In diesem Kapitel werden wichtige psychologische Ansätze und Theorien erläutert, um dem Leser das Konzept der Ursachenerklärung zu verdeutlichen. Dabei wird hervorgehoben, was die Quellen verschiedener Ursachenerklärungen sind und wie Ursachenerklärungen Motivation beeinflussen. Im Anschluss daran wird in Kap. 3 auf die Veränderung von Ursachenerklärungen durch sogenannte Reattributionstrainings eingegangen. Das Konzept der Reattributionstrainings ist dabei ein in praktischen Studien erprobtes Konzept zur Motivationsförderung und eignet sich auch gut zur Anwendung in Schule und Hochschule.

Teil II besteht aus einer Sammlung an Materialien, die angelehnt an das Konzept der Reattributionstrainings erstellt wurden, um die Motivationsförderung in Schule und Hochschule durch Lehrkräfte zu ermöglichen. Die Materialien sind jeweils einzelne Übungen oder Leitfäden, die entweder im Verbund oder auch allein angewendet werden können. Sie helfen, Lernende dazu anzuregen, durch günstige Ursachenerklärungen die eigene Motivation zu steigern. Dabei ist dieser Materialteil in fünf verschiedene Kapitel (Kap. 4, 5, 6, 7 und 8) unterteilt. In Kap. 4 wird ein möglicher Einstieg in die Anwendung von Übungen zur Veränderung von Ursachenerklärungen anhand unterstützender Materialien erläutert. Die danach folgenden Kap. 5, 6, 7 und 8 bieten jeweils zu einer von vier möglichen Techniken zur Veränderung von Ursachenerklärung genauere Erläuterungen und Materialien, um diese Techniken in Schule und Hochschule umsetzen zu können.

In Teil III (Kap. 9, 10 und 11) werden spezielle Herausforderungen bei der Motivationsförderung thematisiert. In Kap. 9 wird darauf eingegangen, wie man mit herben Rückschlägen verfahren sollte. Kap. 10 beschäftigt sich damit, wie man mit vermeintlich fehlendem Können umgehen sollte, denn auch bei geringerem Talent kann Motivationsförderung durchaus notwendig und nützlich sein. Zuletzt wird in Kap. 11 auf die problematischen Ausprägungen des Wollens eingegangen. Insgesamt bieten die Materialien so einen wertvollen Fundus, aus dem Lehrkräfte schöpfen können, um die Motivation von Lernenden in Schule und Hochschule zu steigern.

Der vorliegende Band entstand parallel zu zwei weiteren, ebenfalls im Springer-Verlag erschienenen Bänden, die sich mit Techniken der Motivationsförderung beschäftigen. Während sich diese drei Bände in ihrem Aufbau und in den genutzten theoretischen Grundlagen gleichen, unterscheiden sie sich in den Kontexten, auf die diese Grundlagen (etwa in Form von Beispielen) bezogen werden. Auch die Arbeitsmaterialien in Teil II und die speziellen Herausforderungen in Teil III sind konsequent auf den jeweiligen Anwendungskontext bezogen. Der vorliegende Band wendet sich dabei an Lehrende an Schulen und Hochschulen. Im Gegensatz dazu fokussiert sich der Band von Fischer et al. (2021) auf Motivationsförderung im Arbeitskontext und in Organisationen. Ein dritter Band (Gottschall et al. 2021) widmet sich der Anwendung der Techniken im Sportkontext (Breiten- und

Leistungssport). Damit stellen wir wertvolles Wissen und hilfreiche Materialen zur Förderung von Motivation für einen breiten Bereich von Anwendungsgebieten zur Verfügung.

Wir wünschen den Leserinnen und Lesern dieses Bandes viel Freude dabei, ein tieferes Verständnis der Bedeutung von Motivation zu entwickeln und natürlich viel Erfolg in der Anwendung der vorgestellten Techniken zur Motivationsförderung.

**Monika E. Badewitz**

**Felicia Teske**

**Oliver Dickhäuser**
Mannheim
März 2021

# Inhaltsverzeichnis

## I  Grundlagen der Motivationsförderung

**1 Der Antrieb unseres Handelns: Die Bedeutung von Motivation für Leistung** .......... 3
1.1 Motivation ........................................................... 4
1.1.1 Motivation und Verhalten ............................................. 5
1.1.2 Motivation bestimmende Faktoren ..................................... 6
1.2 Motivation und Leistung .............................................. 7
1.3 Ursachenerklärung und zukünftige Motivation ......................... 8
1.4 Zusammenfassung ..................................................... 9
Literatur ................................................................. 10

**2 Die Kraft der Gedanken: Der Einfluss von Ursachenerklärungen** ........ 11
2.1 Das Konzept der Attribution .......................................... 12
2.2 Quellen von Attributionen ............................................ 13
2.2.1 Beobachtungen als Informationsquelle von Attributionen .............. 14
2.2.2 Rückmeldungen anderer als Informationsquelle von Attributionen ..... 18
2.3 Eigenschaften von Attributionen ...................................... 19
2.4 Konsequenzen/Folgen von Attributionen ............................... 21
2.5 Zusammenfassung ..................................................... 25
Literatur ................................................................. 25

**3 Gedanken verändern: Reattributionstrainings zur Veränderung von Ursachenerklärungen** .......... 27
3.1 Das Konzept „Reattributionstraining" ................................. 28
3.2 Ziele von Reattributionstrainings .................................... 29
3.3 Typische Schritte von Reattributionstrainings ....................... 31
3.4 Typische Techniken von Reattributionstrainings ...................... 33
3.5 Wissenschaftliche Beispiele für Reattributionstrainings ............. 35
3.5.1 Reattribution im Schulkontext ........................................ 35
3.5.2 Reattribution im Hochschulkontext .................................... 36
3.6 Zusammenfassung ..................................................... 38
Literatur ................................................................. 38

## II  Materialien zur Motivationsförderung

**4 Bevor es los geht: Sinnvolle Überlegungen** .......................... 47
4.1 Leitfragen für die Zielformulierung .................................. 49
4.1.1 Steckbrief: Leitfragen für die Zielformulierung ...................... 49
4.1.2 Arbeitsblatt: Leitfragen für die Zielformulierung .................... 51
4.2 Die eigenen typischen Ursachenerklärungen erkunden ................... 52

| | | |
|---|---|---|
| 4.2.1 | Steckbrief: Die eigenen typischen Ursachenerklärungen erkunden | 52 |
| 4.2.2 | Arbeitsblatt: Die eigenen typischen Ursachenerklärungen erkunden | 53 |
| 4.3 | **Die eigenen typischen Ursachenerklärungen kennenlernen und andere plausible Ursachenerklärungen erkunden** | 58 |
| 4.3.1 | Steckbrief: Die eigenen typischen Ursachenerklärungen kennenlernen und andere plausible Ursachenerklärungen erkunden | 58 |
| 4.3.2 | Arbeitsblatt: Die eigenen typischen Ursachenerklärungen kennenlernen und andere plausible Ursachenerklärungen erkunden | 60 |
| **5** | **Über Attributionen informieren: Psychoedukation** | **63** |
| 5.1 | **Leitfaden zur Erläuterung von Attributionen** | 66 |
| 5.1.1 | Steckbrief: Leitfaden zur Erläuterung von Attributionen | 66 |
| 5.1.2 | Arbeitsblatt: Leitfaden zur Erläuterung von Attributionen | 67 |
| 5.2 | **Kennenlernen der Dimensionen von Ursachenerklärungen** | 69 |
| 5.2.1 | Steckbrief: Kennenlernen der Dimensionen von Ursachenerklärungen | 69 |
| 5.2.2 | Arbeitsblatt Teil A: Vorstellung der Dimensionen – Leitfaden für die Lehrkraft | 70 |
| 5.2.3 | Arbeitsblatt Teil B: Zuordnung der Ursachen zu den Dimensionen – Leitfaden für die Lehrkraft | 73 |
| 5.2.4 | Arbeitsblatt Teil C: Selbstreflexion – Wie ordne ich Ursachen ein? | 75 |
| 5.3 | **Leitfaden zu den Auswirkungen unterschiedlicher Attributionen auf Erleben und Verhalten** | 77 |
| 5.3.1 | Steckbrief: Leitfaden zu den Auswirkungen unterschiedlicher Attributionen auf Erleben und Verhalten | 77 |
| 5.3.2 | Arbeitsblatt: Leitfaden zu den Auswirkungen unterschiedlicher Attributionen auf Erleben und Verhalten | 78 |
| 5.3.3 | Arbeitsblatt: Handout Ursachenerklärungen | 83 |
| 5.4 | **Definition, Dimensionen und Auswirkungen von Attributionen effektiv zusammengefasst** | 85 |
| 5.4.1 | Steckbrief: Definition, Dimensionen und Auswirkungen von Attributionen effektiv zusammengefasst | 85 |
| 5.4.2 | Arbeitsblatt: Definition, Dimensionen und Auswirkungen von Attributionen effektiv zusammengefasst | 85 |
| **6** | **Ein gutes Beispiel sein: Modellierungstechnik** | **89** |
| 6.1 | **Modellierung durch Erfahrungsberichte** | 91 |
| 6.1.1 | Steckbrief: Modellierung durch Erfahrungsberichte | 91 |
| 6.1.2 | Arbeitsblatt: Leitfragen für Lehrkräfte zum Erinnern von Modellen zur Modellierung | 93 |
| 6.1.3 | Arbeitsblatt: Leitfragen für Lernende zum Erinnern von Ursachenerklärungen | 96 |
| 6.2 | **Modellierung durch Rollenspiele** | 97 |
| 6.2.1 | Steckbrief: Modellierung durch Rollenspiele | 97 |
| 6.2.2 | Arbeitsblatt: Skript für ein Rollenspiel (1) | 99 |
| 6.2.3 | Arbeitsblatt: Skript für ein Rollenspiel (2) | 101 |
| 6.3 | **Selbstmodellierung durch Motivationssätze** | 103 |
| 6.3.1 | Steckbrief: Selbstmodellierung durch Motivationssätze | 103 |
| 6.3.2 | Arbeitsblatt: Leitfragen zum Generieren von Sätzen zur Selbstmodellierung | 105 |

| 7 | **Realistische Ursachen finden: Beobachtungsinformationen** | 109 |
|---|---|---|
| 7.1 | Informationen sammeln und verstehen | 112 |
| 7.1.1 | Steckbrief: Informationen sammeln und verstehen | 112 |
| 7.1.2 | Anleitung zum Arbeitsblatt „Informationen sammeln und verstehen" | 114 |
| 7.1.3 | Arbeitsblatt: Informationen sammeln und verstehen | 115 |
| 7.2 | Beobachtungen sammeln und realistische Ursachenerklärungen bilden | 123 |
| 7.2.1 | Steckbrief: Beobachtungen sammeln und realistische Ursachenerklärungen bilden | 123 |
| 7.2.2 | Arbeitsblatt: Beobachtungen sammeln | 124 |
| 7.2.3 | Arbeitsblatt: Realistische Ursachenerklärungen bilden | 126 |
| 7.3 | Variationen beobachten und zurückmelden | 128 |
| 7.3.1 | Steckbrief: Variationen beobachten und zurückmelden | 128 |
| 7.3.2 | Arbeitsblatt: Variationen beobachten und zurückmelden | 129 |
| 7.4 | Auf beobachtete Variation aufmerksam machen | 133 |
| 7.4.1 | Steckbrief: Auf beobachtete Variation aufmerksam machen | 133 |
| 7.4.2 | Arbeitsblatt: Auf beobachtete Variation aufmerksam machen | 134 |
| 8 | **Erwünschte Ursachenerklärungen äußern: Kommentierungstechnik** | 135 |
| 8.1 | Äußerung von Attributionen anregen | 137 |
| 8.1.1 | Steckbrief: Äußerung von Attributionen anregen | 137 |
| 8.1.2 | Arbeitsblatt: Äußerungen von Ursachenerklärungen anregen | 139 |
| 8.2 | Günstige Attributionen verstärken und ungünstige abschwächen | 140 |
| 8.2.1 | Steckbrief: Günstige Attributionen verstärken und ungünstige abschwächen | 140 |
| 8.2.2 | Arbeitsblatt: Günstige Attributionen verstärken und ungünstige abschwächen | 142 |

## III Spezielle Herausforderungen bei der Motivationsförderung

| 9 | **Umgang mit herben Rückschlägen** | 145 |
|---|---|---|
| 9.1 | Herbe Rückschläge | 146 |
| 9.2 | Hinweise zur Verarbeitung herber Rückschläge | 147 |
| | Literatur | 147 |
| 10 | **Wenn es vermeintlich am Können fehlt** | 149 |
| 10.1 | Vermeintlich fehlendes Können | 150 |
| 10.2 | Hinweise zum Umgang mit Aufgaben, bei denen es vermeintlich am Können mangelt | 150 |
| | Literatur | 151 |
| 11 | **Wenn Wollen zum Problem wird** | 153 |
| 11.1 | Sehr geringe Ausprägungen des Wollens | 154 |
| 11.2 | Hinweise zum Umgang mit sehr geringem Wollen | 154 |
| 11.3 | Übermäßig hohe Ausprägungen des Wollens | 156 |
| 11.4 | Hinweise zum Umgang mit übermäßigem Wollen | 156 |
| | Literatur | 157 |

# Grundlagen der Motivationsförderung

Motivation ist ein Schlüsselaspekt für den Erfolg von Lernenden in Schule und Hochschule. Ziel dieses Buches ist es, Lehrkräften Wege aufzuzeigen, die Motivation von Lernenden insbesondere durch die Nutzung guter, motivationszuträglicher Ursachenerklärungen zu stärken und zu fördern. Hierzu werden in diesem ersten Teil des Bandes wichtige theoretische Grundlagen der Motivationsförderung vermittelt.

In Kap. 1 wird erläutert, was hinter dem Konzept der Motivation konkret steht. In Kap. 2 wird dann das Konzept der Ursachenerklärungen erläutert als ein Faktor, der für die Motivation von Personen verantwortlich ist. Im Anschluss daran wird in Kap. 3 auf die Veränderung von Ursachenerklärungen durch sogenannte Reattributionstrainings eingegangen.

Inhaltsverzeichnis

Kapitel 1　Der Antrieb unseres Handelns: Die Bedeutung von Motivation für Leistung – 3

Kapitel 2　Die Kraft der Gedanken: Der Einfluss von Ursachenerklärungen – 11

Kapitel 3　Gedanken verändern: Reattributionstrainings zur Veränderung von Ursachenerklärungen – 27

# Der Antrieb unseres Handelns: Die Bedeutung von Motivation für Leistung

Inhaltsverzeichnis

1.1 **Motivation – 4**
1.1.1 Motivation und Verhalten – 5
1.1.2 Motivation bestimmende Faktoren – 6

1.2 **Motivation und Leistung – 7**

1.3 **Ursachenerklärung und zukünftige Motivation – 8**

1.4 **Zusammenfassung – 9**

Literatur – 10

© Springer Fachmedien Wiesbaden GmbH, ein Teil von Springer Nature 2021
M. E. Badewitz et al., *Schüler*innen und Studierende motivieren*,
https://doi.org/10.1007/978-3-658-32516-9_1

In diesem Kapitel werden folgende Fragen geklärt:
- Was ist Motivation? (Abschn. 1.1)
- Welchen Einfluss hat Motivation auf unser Verhalten? (Abschn. 1.1.1)
- Wodurch wird Motivation bestimmt? (Abschn. 1.1.2)
- Wie hängen Motivation und Leistung zusammen? (Abschn. 1.2)
- Wie beeinflusst die Ursachenerklärung von Verhaltensergebnissen die zukünftige Motivation? (Abschn. 1.3)

Im Alltag ist Motivation ein viel benutzter Begriff. Hat zum Beispiel ein Jugendlicher den Ehrgeiz, der Beste seiner Fußballmannschaft zu sein, so vermuten wir, dass er motiviert bei der Sache ist. Auch im schulischen und akademischen Kontext verwenden wir oft den Begriff der Motivation etwa, wenn es gilt, geringe Leistungen einzelner Lernender zu erklären. Das Konzept der Motivation ist jedoch komplexer als gemeinhin angenommen. Was sich genau hinter dem Konzept der Motivation verbirgt, wie Motivation gebildet wird, und welche Folgen motiviertes Verhalten hat, wird in diesem Kapitel erläutert.

## 1.1 Motivation

Trotz aller unterschiedlicher Nuancen verschiedener aktueller psychologischer Definitionen kann Motivation im Kern beschrieben werden als die Kraft, die zielgerichtetem Verhalten zugrunde liegt (Achtziger et al. 2019). Wenn beispielsweise eine Schülerin aus Spaß an einem bestimmten Inhalt lernt, ein Student sich auf eine unliebsame Klausur vorbereitet, um diese zu bestehen oder ein Schüler sich im Sport besonders anstrengt, um seine Freunde zu beeindrucken, handelt es sich bei diesen vielfältigen Arten von Verhalten jeweils um motiviertes, also auf die Erreichung von bestimmten Zielzuständen ausgerichtetes Verhalten. Zwar sind die Personen in den drei Beispielen durch sehr unterschiedliche Qualitäten motiviert (die Erwartung erneuten Spaßes, die Hoffnung auf ein ausreichendes Bestehen, das Streben nach Eindruck bei anderen), ohne Frage sind sie aber motiviert.

> Motivation ist die Kraft, die zielgerichtetem Verhalten zugrunde liegt.

Bei der Beschreibung unterschiedlicher Ziele, die Verhalten motivieren, wird in der Motivationspsychologie betont, dass motiviertes Verhalten nicht immer nur auf die Erreichung erstrebter Ziele ausgerichtet ist. Auch unerwünschte Zielzustände steuern Verhalten, indem wir eben gerade versuchen, diese zu vermeiden. Das Lernen für eine wichtige Klausur, mit der Absicht, auf keinen Fall durchzufallen, stellt also ebenfalls einen Fall von motiviertem Verhalten dar. In Tab. 1.1 werden verschiedene Beispiele für motiviertes Verhalten geschildert. Dabei wird danach

## Tab. 1.1 Beispiele zur Verdeutlichung von Annäherungs- und Vermeidungszielen

| Annäherungsziele | Vermeidungsziele |
| --- | --- |
| Johann möchte in der Mathematik-Klausur eine gute Note haben, daher lernt er viel. | Julia möchte in der Orientierungsprüfung auf keinen Fall durchfallen, daher lernt sie viel. |
| Miriam möchte mit ihrem Referat alle beeindrucken, deswegen bereitet sie sich intensiv darauf vor. | Martin möchte sich bei seinem Referat vor seiner Klasse nicht blamieren, deswegen bereitet er sich intensiv darauf vor. |
| Eileen ist gerne schon vor dem Unterricht in der Schule, um noch mit ihren Freunden reden zu können, deshalb nimmt sie lieber einen Bus früher. | Adrian hasst es zu spät zu kommen, deshalb nimmt er lieber einen früheren Bus. |
| Herr Müller begeistert sich sehr für das Thema, das er unterrichtet. Daher liest er alle Literatur, die er dazu findet. | Frau Schmidt möchte vermeiden, in ihrer Lehrveranstaltung Fragen zum Thema gestellt zu bekommen, die sie nicht beantworten kann. Daher liest sie alle Literatur, die sie dazu findet. |

unterschieden, ob das Handeln auf die Erreichung angestrebter Ziele (sogenannte Annäherungsziele) oder auf die Vermeidung unerwünschter Ziele (sogenannte Vermeidungsziele) ausgerichtet ist. Die Darstellung in der Tab. 1.1 macht deutlich, dass ein und demselben Verhalten unterschiedliche Formen von Motivation zugrunde liegen können.

### 1.1.1 Motivation und Verhalten

Motivation wirkt sich in vielfältiger Art und Weise auf das Verhalten aus. Genauer sind es sogar erst diese Auswirkungen auf sichtbare Aspekte des Verhaltens, aus denen (neben anderen Anzeichen wie mündliche Bekundungen) auf das Vorliegen von Motivation geschlossen wird. Im Kern sind es vier verschiedene Aspekte von Verhalten, auf die Motivation einen Einfluss hat: Verhaltensinitiierung, Verhaltensausrichtung, Verhaltensintensität und Verhaltensdauer (Grassinger et al. 2019). Bei dem Aspekt der Verhaltensinitiierung geht es darum, ob und wann ein Verhalten begonnen wird. Die Verhaltensausrichtung bezieht sich darauf, welche Art von Verhalten eine Person zeigt bzw. mit welchen Inhalten oder Aufgaben sie sich beschäftigt. Der Aspekt der Verhaltensintensität betrifft die Qualität, mit der ein Verhalten gezeigt wird, etwa die Tiefe der Beschäftigung mit einem Inhalt oder die Stärke der Konzentration. Verhaltensdauer bezieht sich darauf, wie lange ein Verhalten gezeigt wird bzw. wann es abgebrochen wird. Tab. 1.2 illustriert anhand von Beispielen die vier verschiedenen Arten von Verhaltensaspekten, die Motivation beeinflussen. Diese Beispiele zeigen, wie vielfältig sich Motivation auf das Verhalten von Lernenden auswirken kann. Ein bestimmtes Verhalten wird nur begonnen und mit einer bestimmten Intensität und Ausdauer gezeigt, wenn auch die Motivation für dieses Verhalten vorhanden ist.

**Tab. 1.2** Erklärungen und Beispiele der Verhaltensgrößen Initiierung, Ausrichtung, Intensität und Dauer

| Verhaltensgröße | Erklärung | Beispiele |
|---|---|---|
| Verhaltensinitiierung | Beginnen Personen ein Verhalten zu zeigen? Und wenn ja, wann? | Madita beginnt immer sehr spät damit, die behandelten Klausurthemen nachzuarbeiten. Max informiert sich frühzeitig über Ausbildungsberufe, die ihn interessieren. |
| Verhaltensausrichtung | Welches Verhalten zeigen Personen? | Paula lernt viel für technische Fächer und vernachlässigt alle sprachlichen Fächer, während es bei Michael genau umgekehrt ist. Eileen hat sich entschieden, Psychologie zu studieren. |
| Verhaltensintensität | Wie ausgeprägt zeigen Personen ein Verhalten? | Murat lernt nur sehr oberflächlich für die nächste Klassenarbeit. Lisa denkt intensiv über die Folgen des Klimawandels nach. |
| Verhaltensdauer | Wie lange zeigen Personen ein Verhalten? Wann wird es beendet? | Wenn Clara einmal begonnen hat zu lernen, dann lernt sie den ganzen Tag. Thomas stellt bei den ersten Schwierigkeiten mit Statistikaufgaben das Üben ein. |

## 1.1.2 Motivation bestimmende Faktoren

Die Motivation einer Person wird sowohl durch Merkmale der Person selbst als auch durch Merkmale der Situation beeinflusst. Unter Merkmalen einer Person sind etwa ihre Bedürfnisse, überdauernde Zielbestrebungen oder Werte zu verstehen. In diesen Merkmalen unterscheiden sich Personen. So kann es beispielsweise sein, dass es einer Studentin generell wichtig ist, durch gute Leistungen zu überzeugen (dies wird als hohes Leistungsmotiv bezeichnet). Es ist ihr daher sehr wichtig, sich in verschiedenen Bereichen ihres Lebens, etwa an der Hochschule wie auch im Sportverein, sehr anzustrengen. Hingegen kann es zum Beispiel einem Schüler von Bedeutung sein, von anderen Personen gemocht und geschätzt zu werden (dies wird als hohes Anschlussmotiv bezeichnet), weshalb er Konflikten in verschiedenen Lebensbereichen aus dem Weg geht. Einer anderen Schülerin mag es wiederum wichtig sein, Einfluss auf andere Personen und wichtige Entscheidungen zu haben (dies wird als hohes Machtmotiv bezeichnet), daher engagiert sie sich als Schülersprecherin. Solche zeitlich stabilen Merkmale der Person sind Erklärungen dafür, wieso unterschiedliche Personen in der gleichen Situation, beispielsweise verschiedene Lernende in ein und demselben Kurs, unterschiedlich handeln (Heckhausen und Heckhausen 2018).

Auch wenn sich eine Person über die Zeit hinweg in ähnlichen Situationen oft gleich verhält, bedeutet dies nicht, dass diese Person auch das gleiche Verhalten in anderen Situationen zeigt. Der Grund hierfür sind Merkmale der Situation selbst.

## 1.2 · Motivation und Leistung

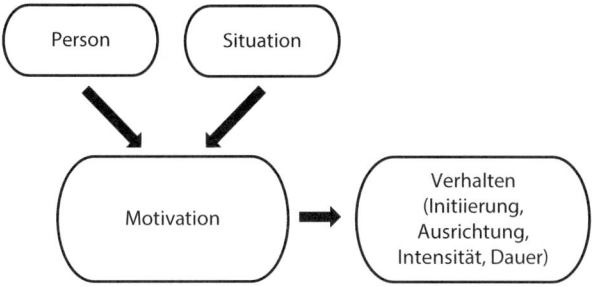

☐ **Abb. 1.1** Prozessmodell zu Ursachen und Folgen von Motivation

Wenn auch der wissbegierigste und fleißigste Student in einer bestimmten Vorlesung langsam das Interesse verliert, so ist es denkbar, dass die Ursache in der Situation, hier also in der Vorlesung selbst, zu finden ist. Merkmale der Vorlesungssituation, etwa deren Struktur, Inhalt und Anspruchsniveau, beschreiben Rahmenbedingungen der Situation, die die Motivation ebenfalls beeinflussen. Diese Rahmenbedingungen wirken auf alle Personen ein. Allerdings kann dieselbe Situation bei unterschiedlichen Personen einen anderen Effekt haben. So kann es sein, dass sich in dem oben genannten Beispiel bestimmte Lernende durch eine didaktisch ungeschickt strukturierte Vorlesung herausgefordert sehen, sich die Inhalte in einer Lerngruppe selbst zu erarbeiten, während andere das Interesse verlieren. Der Idee, dass Motivation ihre Ursache im Zusammenwirken von Merkmalen der Person und der Situation hat (Heckhausen und Heckhausen 2018), entspricht auch der Vorstellung, dass erst bestimmte Situationen besonders günstig für die Erreichung bestimmter persönlich erstrebenswerter Ziele sind. Gerade bei solch günstigen Gelegenheiten ist es besonders wahrscheinlich, dass eine Person handelt, um die angestrebten Ziele zu erreichen.

Abb. 1.1 zeigt das bis hierhin erläuterte Zusammenwirken von Personen- und Situationsfaktoren für die Entstehung von Motivation und deren Auswirkung auf Verhalten. Die Abbildung wird im weiteren Verlauf des Kapitels nach und nach um weitere Elemente ergänzt, sodass sich ein Gesamtbild ergibt, welches die Entstehung und Auswirkungen von Motivation illustriert.

## 1.2 Motivation und Leistung

Leistung ist die Folge aufgabenbezogenen Verhaltens. Ohne Frage ist Leistung neben anderen angestrebten Bildungszielen eine wichtige Ergebnisgröße in Schule und Hochschule (Locke et al. 1981). In der Forschung zu leistungsbeeinflussenden Faktoren konnte gezeigt werden, dass neben Intelligenz auch die Motivation von Lernenden einen großen Effekt auf deren Leistung hat. Dabei erreicht die Motivation in ihrer Relevanz für die Leistung beinahe die Größenordnung des Einflusses von Intelligenz auf die Leistung (Steinmayr und Spinath 2009).

Die Rolle von Motivation für Leistung kann dabei über die vier oben genannten Verhaltensgrößen erklärt werden. So kann Motivation dazu führen, dass ein Verhalten

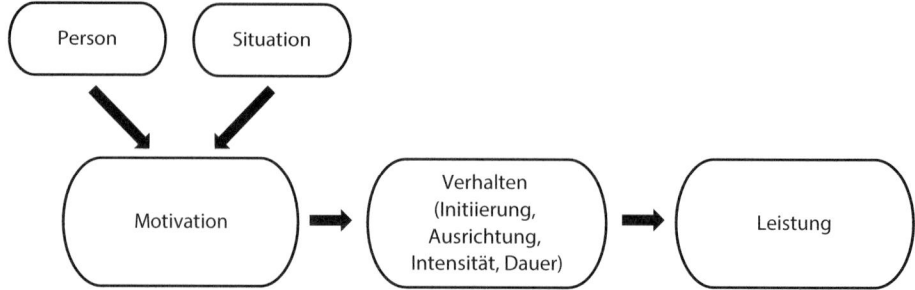

**Abb. 1.2** Erweitertes Prozessmodell zu Ursachen und Folgen von Motivation

früher an den Tag gelegt wird (Verhaltensinitiierung), Lernende also beispielsweise frühzeitig mit der Vorbereitung auf eine Klausur beginnen. Motivation kann auch zur Folge haben, dass Lernende gezielt ein bestimmtes Verhalten zeigen (Verhaltensausrichtung), also Lernende etwa im Fach ihres Interesses einen Leistungskurs in der Oberstufe wählen. Auch in der Qualität des Verhaltens kann sich Motivation niederschlagen (Verhaltensintensität), etwa in tieferem Nachdenken über einen bestimmten Inhalt in der Freizeit. Und schließlich kann sich Motivation darauf auswirken, wie lange ein Verhalten gezeigt wird (Verhaltensdauer), also beispielsweise auf ausdauernde Lernbemühungen auch angesichts von Schwierigkeiten. Eben diese Verhaltensweisen, etwa eine frühzeitige Vorbereitung, das Ergreifen von Möglichkeiten, einen Inhalt oder ein Fach zu vertiefen, intensives Nachdenken über den Lerninhalt und ausdauernde Lernbemühungen können sich schlussendlich in besseren Leistungen niederschlagen.

Motivation ist somit von essenzieller Bedeutung für die Leistung von Lernenden in Schule und Hochschule. Dieser Einfluss von Motivation auf Leistung findet sich auch bei anderen Personengruppen. So hat beispielsweise die Motivation von Lehrkräften Einfluss darauf, wie erfolgreich diese in ihrem Lehrberuf sind. Abb. 1.2 verbildlicht den hier beschriebenen Zusammenhang von Motivation, Verhalten und Leistung. Aus dieser Darstellung lässt sich ableiten, dass sich die Förderung von Motivation in einer Steigerung von Leistung niederschlagen wird.

## 1.3 Ursachenerklärung und zukünftige Motivation

Motivation ist nicht nur vor und während des Zeigens eines Verhaltens relevant, sondern auch nach der Ausführung des Verhaltens. Denn motivationale Prozesse spielen eine Rolle, wenn eine Person nach der Ausführung eines Verhaltens beurteilt, ob und wie das angestrebte Ziel erreicht wurde oder nicht. So hat die Erklärung der eigenen Verhaltensergebnisse einen Einfluss auf nachfolgende Zielsetzungen und die Bildung von zukünftiger Motivation. Im Falle des Erreichens eines Ziels kann das Zielstreben deaktiviert werden. Beispielsweise kann ein Student nach einer bestandenen Abschlussklausur in einem Pflichtfach seine Lernbemühungen in diesem Fach einstellen. Dennoch wird er sich in dieser Situation eine Vorstellung davon bilden, inwieweit sein Verhalten zum Erfolg bei der Zielerreichung beigetragen hat.

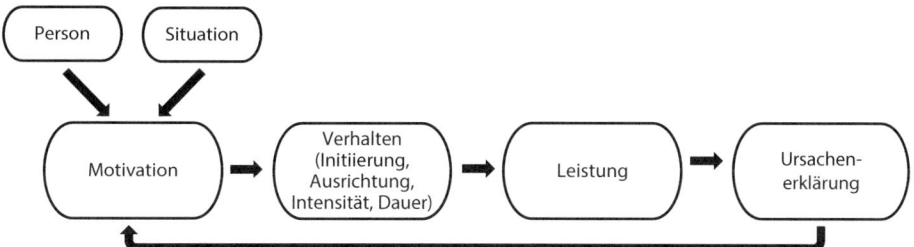

**◘ Abb. 1.3** Erweitertes Prozessmodell zu Ursachen und Folgen von Motivation und Ursachenerklärungen

Sieht er sein Verhalten als Ursache dafür, das Ziel erreicht zu haben, wird er für zukünftige ähnliche Ziele erneut die Motivation haben, ein Verhalten dieser Art wieder zu zeigen. Vor allem aber, wenn ein Ziel nicht erreicht wurde, steht die Frage nach den Gründen im Raum. Im Wesentlichen geht es darum, ob das Ziel weiterverfolgt werden soll (etwa auf anderem Wege) oder nicht.

Die verschiedenen Ursachenerklärungen für Misserfolg beeinflussen nachfolgendes Verhalten auf unterschiedliche Art und Weise (Heckhausen und Heckhausen 2018). Das folgende Beispiel verdeutlicht dies: Schreibt Phillip einmal eine schlechte Note in Musik, könnte er denken, dass es daran lag, dass ihm das Notenlesen weniger leicht fällt als die bisherigen Themen im Unterricht. Für die nächste Klausur zu einem anderen Thema wird er sich vermutlich weiter intensiv vorbereiten. Denkt er jedoch, die schlechte Note liege an dem Lehrer, der ihn nicht mag, so wird er beim nächsten Mal nicht mehr lernen, da er durch sein eigenes Lernen den vermuteten Grund für den Misserfolg nicht beeinflussen kann. Diesem Beispiel entsprechend illustriert Abb. 1.3, dass die sich an eine erzielte Leistung anschließende Ursachenerklärung wiederum Auswirkungen auf die Motivation einer Person hat.

Die Ursachenerklärung der Verhaltensergebnisse spielt somit eine zentrale Rolle bei der Bildung oder Veränderung von Motivation. Entsprechend wird im nächsten Kap. 2 ausführlicher auf das Konzept der Ursachenerklärung eingegangen und es wird deutlich gemacht, wie sich verschiedene Ursachenerklärungen genau auf die Motivation einer Person auswirken können. Hierauf aufbauend werden im Kap. 3 Methoden vorgestellt, die Ursachenerklärungen von Personen gezielt beeinflussen und verändern, um so ihre Motivation zu fördern.

## 1.4 Zusammenfassung

Motivation beschreibt die Kräfte, die zielgerichtetem Verhalten zugrunde liegen und hat im Bildungskontext eine große Bedeutung für nachfolgende Leistung. Die Motivation von Lernenden ergibt sich jeweils aus dem Zusammenspiel von Personen- und Situationsfaktoren. Sie führt dazu, dass Lernende je nach Fach, Lehrkraft und anderen Umständen unterschiedliches (Lern-)Verhalten initiieren, ihr Verhalten auf unterschiedliche Inhalte ausrichten, qualitativ unterschiedliches Verhalten zeigen und dies zu unterschiedlichen Zeitpunkten beenden. All dies hat Effekte auf ihre Leistung. Lernende bewerten ihr eigenes Verhalten mit Blick auf die Annäherung an die angestrebten Ziele. Die Art, wie die Leistung subjektiv hinsichtlich der Zielerreichung bewertet wird und welche Ursachenerklärung durch Lernende herangezogen werden, beeinflusst die Motivation für das zukünftige Lernen. Dadurch wird der beschriebene Prozess von neuem angestoßen. Eben dieser Kreislauf des Motivationsprozesses ermöglicht, dass eine Veränderung der Ursachenerklärungen eine Motivations- und Leistungsveränderung von Lernenden bewirken kann. Die Veränderung von Ursachenerklärungen ist somit ein guter Ansatzpunkt für die Förderung von Motivation.

## Literatur

Achtziger, A., Gollwitzer, P. M., Bergius, R. J. W., & Schmalt H.-D. (2019). Motivation. In M. A. Wirtz (Hrsg.), *Dorsch – Lexikon der Psychologie.* https://dorsch.hogrefe.com/stichwort/motivation. Zugegriffen am 26.03.2021.

Grassinger, R., Dickhäuser, O., & Dresel, M. (2019). Motivation. In D. Urhahne, M. Dresel, & F. Fischer (Hrsg.), *Psychologie für den Lehrberuf* (S. 207–227). Heidelberg: Springer. https://doi.org/10.1007/978-3-662-55754-9_11.

Heckhausen, J., & Heckhausen, H. (2018). Motivation und Handeln: Einführung und Überblick. In J. Heckhausen & H. Heckhausen (Hrsg.), *Motivation und Handeln* (5. Aufl., S. 1–11). Berlin/Heidelberg: Springer. https://doi.org/10.1007/3-540-29975-0_1.

Locke, E. A., Shaw, K. N., Saari, L. M., & Latham, G. P. (1981). Goal setting and task performance: 1969–1980. *Psychological Bulletin, 90*(1), 125–152. https://doi.org/10.1037/0033-2909.90.1.125.

Steinmayr, R., & Spinath, B. (2009). The importance of motivation as a predictor of school achievement. *Learning and Individual Differences, 19*(1), 80–90. https://doi.org/10.1016/j.lindif.2008.05.004.

# Die Kraft der Gedanken: Der Einfluss von Ursachenerklärungen

**Inhaltsverzeichnis**

2.1     Das Konzept der Attribution – 12

2.2     **Quellen von Attributionen – 13**
2.2.1   Beobachtungen als Informationsquelle von Attributionen – 14
2.2.2   Rückmeldungen anderer als Informationsquelle von Attributionen – 18

2.3     **Eigenschaften von Attributionen – 19**

2.4     **Konsequenzen/Folgen von Attributionen – 21**

2.5     **Zusammenfassung – 25**

        **Literatur – 25**

---

© Springer Fachmedien Wiesbaden GmbH, ein Teil von Springer Nature 2021
M. E. Badewitz et al., *Schüler\*innen und Studierende motivieren*,
https://doi.org/10.1007/978-3-658-32516-9_2

> In diesem Kapitel werden folgende Fragen geklärt:
> - Was sind Attributionen? (Abschn. 2.1)
> - Woher kommen Attributionen? (Abschn. 2.2)
> - Welche Eigenschaften haben Attributionen? (Abschn. 2.3)
> - Welche Konsequenzen haben Attributionen? (Abschn. 2.4)

In diesem Kapitel werden die theoretischen Grundlagen von Ursachenerklärungen (Attributionen) beleuchtet und anhand praktischer Beispiele veranschaulicht. Theoretische und empirische Arbeiten zu Ursachenerklärungen liegen in großer Breite aus verschiedenen Forschungsbereichen der Psychologie vor (siehe z. B. die Überblicksarbeit von Stiensmeier-Pelster und Heckhausen 2018). Aus Gründen der Übersichtlichkeit beschränken wir uns in diesem Band auf zentrale theoretische Grundlagen, die einen direkten Bezug zu den Materialien zur Motivationsförderung von Lernenden aufweisen, welche im Materialteil (vgl. Teil II: Materialien zur Motivationsförderung) dieses Bandes zur Verfügung gestellt werden.

## 2.1 Das Konzept der Attribution

In der Verhaltensforschung geht man davon aus, dass Gedanken und Emotionen das menschliche Verhalten steuern. Der Mensch wird dabei mit einem Wissenschaftler verglichen, der dazu neigt, gedanklich nach Ursachen für bestimmte Ereignisse, wie etwa eigenen Erfolgen und Misserfolgen, zu suchen. Durch diese Ursachenerklärungen möchten Menschen zukünftige Ereignisse vorhersagen, sie damit kontrollierbarer machen und ihr zukünftiges Verhalten in ähnlichen Situationen anpassen.

Diese Ursachenerklärungen werden in der Psychologie als *Attributionen* bezeichnet. Unter Attributionen versteht man die Zuschreibung von Ursachen zu Handlungen, Verhaltensweisen und Ereignissen. Attributionen sind also gedankliche Überzeugungen, die Menschen über Ursachen von Ereignissen bilden (Stiensmeier-Pelster und Heckhausen 2018). Beispielsweise könnte ein Lernender, der ein schlechtes Feedback nach seinem Referatsvortrag erhalten hat, denken, die Ursache für dieses Feedback sei, dass er sich unzureichend auf das Referat vorbereitet hat. Er attribuiert das schlechte Feedback somit auf seine unzureichende Vorbereitung.

> Attributionen sind Zuschreibung von Ursachen zu Handlungen, Verhaltensweisen und Ereignissen.

Attributionen (Ursachenerklärungen) spielen in vielen Bereichen des alltäglichen Lebens eine Rolle – ob nun im privaten, akademischen oder beruflichen Kontext. Der vorliegende Band wird sich im Speziellen mit Ursachenerklärungen für erfolgreiches bzw. erfolgloses Handeln in schulischen und akademischen Leistungssituationen beschäftigen. Als Leistungssituation gelten solche Situationen, in denen ein Ziel zu erreichen ist und die Zielerreichung im Sinne von Erfolg oder Misserfolg bewertet wird. Beispielsweise wird sich ein Student, der das Ziel hat, die Statistikklausur in diesem Semester zu bestehen, nach dem Nichtbestehen die Frage stellen, *warum* er sein Ziel nicht erreicht hat. Durch den Prozess der Attribution wird er am Ende zu einer Überzeugung über die Ursache (oder die Ursachen) für seinen Misserfolg gelangen. Dies kann dann wiederum sein zukünftiges Verhalten beeinflussen, etwa bei Klausuren im darauffolgenden Semester.

In Leistungssituationen suchen Menschen vor allem nach Misserfolgen nach möglichen Ursachen. Dies liegt daran, dass Misserfolge unerwünscht sind. Um zukünftige Misserfolge besser zu vermeiden, versuchen Lernende, die Gründe für vergangene Misserfolge zu erkennen.

Attributionstheorien geben Antworten auf die Frage, welche Informationen Menschen, im Speziellen auch Lernende, zur Erklärung von Verhalten und Verhaltensergebnissen, also von Erfolg und Misserfolg, nutzen. Des Weiteren betrachten sie, welche Ursachen am Ende des Suchprozesses als Erklärung angenommen werden und wie damit zukünftiges Verhalten beeinflusst wird.

Vielen Attributionstheorien liegt die Theorie der naiven Handlungsanalyse von Fritz Heider (1958) zugrunde, welche einen der ersten Ansätze in der Erforschung von Attributionen darstellt. Die Attributionstheorie von Heider nimmt an, dass das menschliche Verhalten durch die Art und Weise wie Menschen sich die Welt erklären, beeinflusst wird. Weiter wird angenommen, dass Menschen beobachtbare Ereignisse mit nicht beobachtbaren Ursachen gedanklich verbinden. Durch dieses Vorgehen der Ursachenerklärung kann der Mensch die Welt vorhersagen und einen gewissen Grad an Kontrolle gewinnen. Die wichtigste Erkenntnis der Theorie von Heider ist, dass Menschen für Ereignisse personenspezifische (interne) als auch situationsspezifische (externe) Faktoren als Ursachen ansehen können. Hinsichtlich der personenspezifischen (internen) Ursachenfaktoren wird zwischen Versuchen und Können unterschieden. Unter dem Aspekt des Versuchens ist dabei das Bemühen einer Person (etwa in Form aufgewendeter Anstrengung) zu verstehen. Mit dem Aspekt des Könnens ist gemeint, ob die Person über die notwendige Eignung zur Erreichung eines Ziels verfügt. Diesen Aspekten gegenüber stehen die situationsspezifischen (externen) Ursachenfaktoren. Unter diese fallen Aspekte wie die Schwierigkeit der Zielerreichung, aber auch der Zufall, also ob Glück oder Pech bei der Zielerreichung geholfen oder diese behindert haben. Diese beiden unterschiedlichen Kategorien der personen- und situationsspezifischen Faktoren mit ihrer Untergliederung werden in Tab. 2.1 anhand von Beispielen verdeutlicht.

## 2.2 Quellen von Attributionen

Zur Bildung von Ursachenerklärungen für Ereignisse können Personen, insbesondere Lernende und auch Lehrkräfte, verschiedene Informationsquellen nutzen. Dazu gehören einerseits eigene Beobachtungen, die zum Identifizieren von

## Tab. 2.1 Beispiele zur Verdeutlichung von personen- und situationsspezifischen Ursachenfaktoren

| Ursachenfaktoren | Beispiele |
|---|---|
| *Personenspezifische Ursachenfaktoren* | |
| Versuchen | Hat sich Joel intensiv mit den relevanten Themen vor der Biologie-Klausur auseinandergesetzt? Hat Marie ihren Vortrag zuvor vor Freunden und Familie geübt, um die Inhalte selbstsicher vortragen zu können? |
| Können | Hat Joel im Unterricht die notwendigen Konzepte kennengelernt, um die Biologie-Klausur bestehen zu können? Verfügt Marie über die notwendige Sprachkompetenz, um ihren Vortrag in flüssigem Englisch vorzutragen? |
| *Situationsspezifische Ursachenfaktoren* | |
| Schwierigkeit | Hat die Biologie-Klausur viele Transferfragen beinhaltet, wodurch das Anspruchsniveau sehr hoch war? Musste Marie sich innerhalb kürzester Zeit auf das Referat vorbereiten, weil die Themenvergabe erst kurz vorher stattfand? |
| Zufall (Glück/Pech) | Hat sich Joel zufällig genau das Thema kurz vor der Klausur noch einmal angeschaut, welches auch abgefragt wurde? Ist der Beamer am Tag von Maries Vortrag ausgefallen, sodass sie ihren Vortrag ohne dessen Unterstützung halten musste? |

Ursachen genutzt werden können, aber auch Rückmeldungen von bedeutsamen Bezugspersonen, zum Beispiel die Rückmeldung durch eine Lehrkraft, die Eltern oder auch durch andere Mitlernende.

### 2.2.1 Beobachtungen als Informationsquelle von Attributionen

Im Folgenden werden verschiedene Arten von Beobachtungen unterschieden, die als Informationsquelle für Attributionen dienen können. Diese Unterscheidung gründet auf der Theorie von Harold Kelley (1973). Kelley nimmt in seiner Theorie Bezug zu den Überlegungen von Heider. Dabei misst er verschiedenen Aspekten von Beobachtungen eine besondere Bedeutung zu, die zur Erklärung eines Ereignisses dienen. Kelley nimmt an, dass sich Beobachtungen dann auf Ursachenerklärungen auswirken, wenn sie gemeinsam mit dem Ereignis auftreten, das heißt also mit dem Ereignis variieren. Diese Beobachtungen können einerseits von einer Person selbst – zum Beispiel Lernenden – verwendet werden, um Ursachen für Ereignisse wie eigene Misserfolge und Erfolge zu finden. Andererseits können auch außenstehende Personen wie Lehrkräfte verschiedene Arten von Beobachtungen nutzen, um sich beobachtete Ereignisse, wie den Erfolg oder Misserfolg einer*s

## 2.2 · Quellen von Attributionen

Lernenden, zu erklären. Es werden dabei die drei folgenden Kategorien von Beobachtungen unterschieden:

a) Variation über **Personen**: Hat das Auftreten eines Ereignisses/Verhaltens etwas mit der bestimmten Person zu tun? Verhält sich nur diese bestimmte Person so oder verhalten sich andere Personen in der gleichen Situation genauso?

b) Variation über die **Zeit**: Hat das Auftreten eines Ereignisses/Verhaltens etwas mit dem aktuellen Zeitpunkt zu tun? Hat sich die Person in dieser Situation in der Vergangenheit anders verhalten oder verhält sich die Person in dieser Situation über die Zeit hinweg immer so?

c) Variation über **Situationen**: Hat das Auftreten des Ereignisses/Verhaltens etwas mit der aktuellen Situation zu tun? Zeigt die Person in anderen Situationen (zum Beispiel bei anderen Aufgaben, zu unterscheidbaren Anlässen oder in Interaktion mit anderen Personen) ein anderes Verhalten oder zeigt die Person das gleiche Verhalten in verschiedenen Situationen?

Die Betrachtung der Zusammenhänge zwischen möglichen Ursachen und bestimmten Ereignissen ist von großer Bedeutung für die Bildung von Ursachenerklärungen. Dies ist daher auch ein sehr wichtiger Ansatzpunkt, um Personen realistische Attributionen nahezubringen. Das Konzept der gemeinsamen Variation ist folglich besonders wichtig für die Veränderung von Ursachenerklärungen.

Zum besseren Verständnis sind die verschiedenen Arten von Variationen im weiteren Verlauf mit Symbolen gekennzeichnet, welche in Abb. 2.1 abgebildet sind und im Folgenden näher erläutert werden. Das Symbol für die Variation des Ereignisses *über Personen* (vgl. Abb. 2.1 – A) illustriert die dahinter liegende Frage, ob ein bestimmtes Verhalten in einer bestimmten Situation (mit dem Symbol des Unterrichts gekennzeichnet) nur von einer bestimmten Person (mit der Lupe gekennzeichnet) gezeigt wird oder ob auch mehrere anderen Personen (hier symbolisiert über die Personengruppe) dieses Verhalten zeigen. Das Fragezeichen illustriert dabei die Suche nach der Variation über Personen. Das Symbol für die Variation des Ereignisses *über die Zeit* (vgl. Abb. 2.1 – B) illustriert die dahinterliegende Frage, ob das Verhalten einer bestimmten Person (mit der Lupe gekennzeichnet) in einer bestimmten Situation (mit dem Symbol des Unterrichts gekennzeichnet) nur zu einem bestimmten Zeitpunkt (ein Kalendereintrag) oder auch zu anderen Zeitpunkten (hier symbolisiert über mehrere Kalendereinträge) auftritt. Das Fragezeichen illustriert hier die Suche nach der Variation über die Zeit. Das Symbol für die Variation des Ereignisses *über Situationen* (vgl. Abb. 2.1 – C) illustriert die dahinterliegende Frage, ob das Verhalten einer bestimmten Person (mit der Lupe gekennzeichnet) nur in einer bestimmten Situation (mit dem Symbol des Unterrichts gekennzeichnet) oder auch in anderen Situationen (z. B. in der Freizeit hier mit dem Symbol der Bank illustriert) auftritt. Das Fragezeichen illustriert nun die Suche nach der Variation über Situationen. Der Begriff der Situation ist dabei sehr breit zu verstehen. Er bezieht sich auf jegliche Kontextunterschiede wie beispielsweise verschiedene Orte, Aufgaben, Anlässe oder Interaktionspartner*innen.

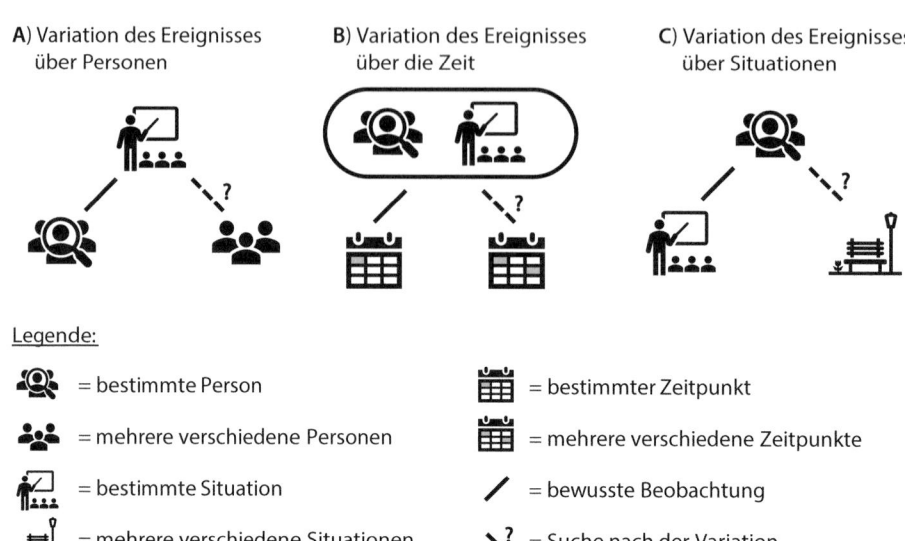

**Abb. 2.1** Illustration der Kategorien von Beobachtungen – Variation des Ereignisses über Personen, die Zeit und Situationen

Tab. 2.2 verdeutlicht die möglichen Ausprägungen der Beobachtungskategorien anhand praktischer Beispiele im schulischen und akademischen Kontext. Hierzu wird jeweils ein beispielhaftes Ereignis geschildert. Aus Sicht einer außenstehenden Person wird erläutert, welche Fragen sich diese Person stellen kann, um anhand der drei Beobachtungskategorien *Variation über Personen, Zeit und Situationen* die Ursache dieses Ereignisses zu ergründen.

Auf der Basis vorhandener Beobachtungen können Antworten auf die Fragen in den drei Beobachtungskategorien gegeben werden. Von der Kombination der drei Antworten hängt es ab, wer oder was als Ursache für ein Ereignis angesehen wird. Als mögliche Ursachen werden dabei die handelnde Person, der Zeitpunkt und die Situation gesehen. Folgend werden die möglichen Attributionen je nach Beobachtungen genauer erläutert und auf das Beispiel von Marisa aus Tab. 2.2 zur Verdeutlichung angewandt. In Abb. 2.2 wird die folgend beschriebene Kombination der Variationen über Personen, die Zeit und Situationen, die für eine Attribution auf die handelnde Person, den Zeitpunkt und die Situation vorliegt, nochmals bildlich illustriert.

- *Attribution auf die handelnde Person*: Eine bestimmte Person zeigt das Verhalten über die Zeit und Situationen hinweg. Andere Personen zeigen das Verhalten nicht.

    Bsp.: Nur Marisa, niemand anderes, kommt heute zu spät zum Mathematik-Unterricht. Sie kommt sehr häufig zu spät zum Mathematik-Unterricht. Ihr unpünktliches Verhalten zeigt sie sowohl im Mathematik-Unterricht als auch in anderen Fächern und bei privaten Terminen. Deshalb wird das unpünktliche Verhalten auf Marisa selbst zurückgeführt. Vielleicht ist sie einfach nicht gut darin, pünktlich zu Terminen zu erscheinen.

## 2.2 · Quellen von Attributionen

**◘ Tab. 2.2** Veranschaulichung der Beobachtungskategorien zur Bildung von Attributionen anhand von Beispielen

| Beobachtungs-kategorie | Personen | Zeit | Situationen |
|---|---|---|---|
| | Eine bestimmte Situation. Verschiedene Personen? | Eine bestimmte Person in einer bestimmten Situation. Verschiedene Zeitpunkte? | Eine bestimmte Person. Verschiedene Situationen? |
| Ereignis 1 | Marisa kommt zu spät in den Mathematik-Unterricht. | | |
| Fragen | Kommen heute alle Schüler*innen zu spät in den Mathematik-Unterricht oder kommt nur Marisa zu spät zum Mathematik-Unterricht? | Kommt Marisa immer/häufig zu spät zum Mathematik-Unterricht oder nur heute/selten? | Kommt Marisa nur zum Mathematik-Unterricht zu spät oder kommt sie auch in anderen Unterrichtsfächern oder zu privaten Terminen zu spät? |
| Ereignis 2 | Johannes hat Probleme beim Verständnis eines wissenschaftlichen Papers. | | |
| Fragen | Hat nur Johannes Verständnisprobleme bei diesem wissenschaftlichen Paper oder auch andere Studierende? | Hat Johannes stets Probleme beim Verständnis von wissenschaftlichen Papern oder nur diesmal/selten? | Hat Johannes nur bei wissenschaftlichen Papern Verständnisprobleme oder auch bei populärwissenschaftlichen Texten? |
| Ereignis 3 | Frau Tusk verhält sich gegenüber Martin nicht fair. | | |
| Fragen | Verhält sich nur Frau Tusk gegenüber Martin nicht fair oder verhalten sich auch andere Lehrkräfte gegenüber Martin unfair? | Verhält sich Frau Tusk immer/häufig unfair gegenüber Martin oder nur heute/selten? | Verhält sich Frau Tusk nur gegenüber Martin unfair oder auch gegenüber anderen Schüler*innen? |

- *Attribution auf den Zeitpunkt*: Eine bestimmte Person zeigt das Verhalten zu einem bestimmten Zeitpunkt und in einer bestimmten Situation. Die Person zeigt das Verhalten nicht zu anderen Zeitpunkten oder in anderen Situationen. Andere Personen zeigen das Verhalten nicht.

  Bsp.: Nur Marisa, niemand anderes, kommt heute zu spät zum Mathematik-Unterricht. Das ist außergewöhnlich, da sie sonst pünktlich zum Mathematik-Unterricht erscheint. Auch in anderen Unterrichtsfächern und zu privaten Terminen ist sie normalerweise pünktlich. Deshalb wird als Ursache für Marisas Verspätung eine Besonderheit des heutigen Tages vermutet. Vielleicht wurde sie von jemanden aufgehalten.

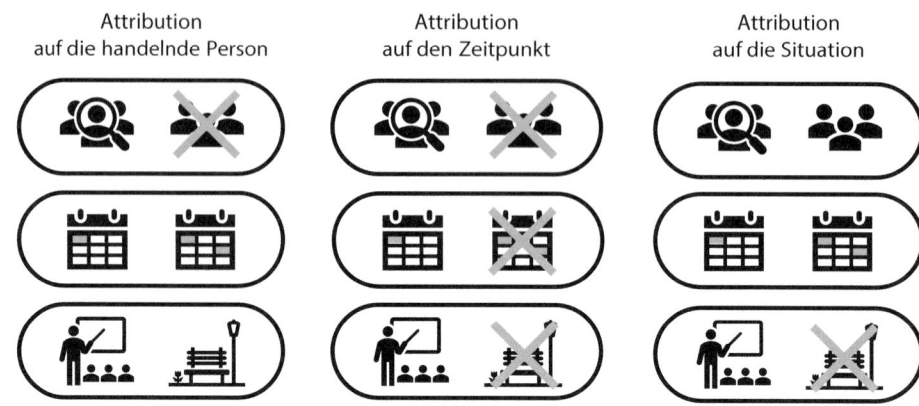

◻ **Abb. 2.2** Notwendige Kombinationen der Variationen über Personen, die Zeit und Situationen, um auf die Person, den Zeitpunkt oder die Situation attribuieren zu können

- *Attribution auf die Situation*: Viele Personen zeigen das Verhalten über die Zeit hinweg in einer bestimmten Situation. Die Personen zeigen das Verhalten nicht in anderen Situationen.
  Bsp.: Nicht nur Marisa, sondern alle Schüler*innen kommen heute zu spät zum Mathematik-Unterricht, und sie kommen immer zu spät zum Mathematik-Unterricht. In anderen Unterrichts-Fächern oder bei anderen Terminen sind die Schüler*innen pünktlich. Deshalb wird als Ursachen für Marisas Verspätung ein Merkmal des Mathematik-Unterrichts selbst vermutet. Vielleicht wird es erschwert, pünktlich zum Mathematik-Unterricht zu kommen, da die Schüler*innen innerhalb von kürzester Zeit das komplette Schulgelände durchlaufen müssen, um den Unterrichtsraum für Mathematik zu erreichen.

### 2.2.2 Rückmeldungen anderer als Informationsquelle von Attributionen

Neben Beobachtungen zum Ereignis können auch Rückmeldungen bedeutsamer Personen (etwa Lehrkräfte) zur Bildung von Attributionen beitragen. Solche Leistungsrückmeldungen können sich in vielen Aspekten voneinander unterscheiden, unter anderem können sie sich auf Anstrengungen oder Fähigkeiten von Lernenden beziehen. Anstrengungsbezogenes Feedback basiert auf den Bemühungen, die Lernende unternommen haben. Beispiele anstrengungsbezogenen Feedbacks sind: *„Du hast die Hausaufgabe sehr sorgfältig bearbeitet!"* oder *„Ich habe den Eindruck, dass es dir am notwendigen Engagement bei der Aufarbeitung des Referatsthemas gefehlt hat."* Sie drücken aus, dass der*die Lernende ein Verhalten gezeigt hat, welches er*sie selbst beeinflussen kann. Fähigkeitsbezogenes Feedback bezieht sich auf die vermeintlich hohen oder niedrigen Fähigkeiten von Lernenden – *„Mathematisch bist du einfach nicht begabt!"* oder *„Ich habe den Eindruck,* *dein künstlerisches Talent wurde dir schon in die Wiege gelegt"*. Diese Art Feedback nimmt eher Bezug zu Eigenschaften von Lernenden, die für diese weniger stark oder gar nicht beeinflussbar sind.

Je nach Art der Rückmeldung werden auf diese Weise unterschiedliche Attributionen beim Empfänger nahegelegt. Diese können in der Folge unter anderem Auswirkungen auf die zukünftige Motivation des Empfängers haben. Diese Attributionen und deren Auswirkungen werden in den folgenden Kapiteln genauer betrachtet. Für Leistungsrückmeldungen durch Lehrkräfte sollte beachtet werden, dass anstrengungsbezogene Rückmeldungen vor allem bei Aufgaben sinnvoll sind, die durch Anstrengung, also zum Beispiel durch Konzentration, Sorgfalt, Ausdauer oder Engagement beeinflusst werden können. Anstrengungsbezogenes Feedback ist dann einem fähigkeitsbezogenen Feedback vorzuziehen (Baumeister et al. 1990; Mueller und Dweck 1998).

## 2.3 Eigenschaften von Attributionen

Ein weit verbreitetes Modell zur Attribution im Leistungskontext ist die Attributionstheorie der Motivation und Emotion von Bernard Weiner (1985). Weiner nimmt an, dass Menschen im Leistungskontext, also zum Beispiel Schüler*innen in der Schule oder Studierende an der Hochschule, vor allem dann nach Ursachen suchen, wenn ein angestrebtes Ziel nicht erreicht wurde. Dabei ziehen Menschen zur Erklärung von Handlungsergebnissen im Leistungskontext nach Weiner vor allem die prototypischen Ursachen Begabung, Anstrengung sowie die Schwierigkeit der Aufgabe und den Zufall (Glück oder Pech) heran.

Viel wichtiger als die konkreten Ursachenerklärungen selbst sind allerdings die Eigenschaften, die diese Ursachen haben. Nach Weiner können diese Eigenschaften sogenannten Dimensionen zugeordnet werden. Die Dimensionen sind dabei (zumindest theoretisch) unabhängig voneinander, das heißt, von der Ausprägung einer Dimension lässt sich nicht auf die Ausprägung einer anderen schließen. Es gibt vier bedeutsame Dimensionen von Ursachenerklärungen: Lokation, Stabilität, Kontrollierbarkeit und Globalität.

Lokation beschreibt, ob die Ursachen innerhalb (*internal*) oder außerhalb (*external*) der Person liegen. Stabilität beschreibt, ob die Ursachen entweder über längere Zeit bestehen bleiben (*zeitlich stabil*) oder nur zu einem bestimmten Zeitpunkt auftreten (*zeitlich variabel*). Kontrollierbarkeit beschreibt, ob die Ursachen beeinflussbar (*kontrollierbar*) sind oder nicht (*unkontrollierbar*), wobei hierbei irrelevant ist, ob die Ursachen durch die Person selbst oder durch andere Personen beeinflussbar sind. Globalität beschreibt, ob die Ursachen über verschiedene Situationen und Kontexte hinweg bestehen (*global*) oder ob sich die Ursachen auf eine konkrete Situation oder Kontext beziehen (*spezifisch*). Jede dieser Dimensionen wird im weiteren Verlauf dieses Bandes durch ein Symbol gekennzeichnet, welches nachfolgend eine wertvolle Erinnerungsstütze ist. Die Symbole sind in Abb. 2.3 abgebildet.

Zur besseren Illustration der Dimensionen betrachten wir folgendes Beispiel. Lara hat die Grundlagen-Klausur im Fach VWL geschrieben, diese aber nur ganz knapp mit der Note 4.0 bestanden.

**Abb. 2.3** Symbole zur Illustration der Bedeutung der einzelnen Dimensionen von Attributionen nach Weiner

- **Lokation:** Die Ursache des Misserfolgs kann entweder innerhalb oder außerhalb der Person liegen. Eine Ursache innerhalb von Lara könnte beispielsweise sein, dass sie kurz vor der Klausur krank wurde und mit einer starken Erkältung zu kämpfen hatte. Eine typische Ursache außerhalb der Person wäre, dass es während der Klausur sehr laut aufgrund von Bauarbeiten war und damit das konzentrierte Arbeiten für Lara unmöglich war.
- **Stabilität:** Die Ursache kann entweder zeitlich stabil oder zeitlich variabel sein. Eine zeitlich stabile Ursache könnte bei Lara sein, dass sie Prüfungsangst hat und diese schon oft bei Prüfungen empfunden hat. Zeitlich variabel wäre die Ursache, wenn Lara aufgrund von familiären Problemen sich nur unzureichend auf die Grundlagen-Klausur in VWL vorbereiten konnte.
- **Kontrollierbarkeit:** Die Ursache kann entweder durch die Person selbst bzw. durch andere Personen kontrollierbar oder unkontrollierbar sein. Als kontrollierbar können Laras Arbeitshaltung und Anstrengung zur Vorbereitung auf die VWL-Klausur angesehen werden. Eine Erkrankung zum Zeitpunkt der Klausur ist weder für Lara noch durch andere kontrollierbar.
- **Globalität:** Die Ursache kann entweder global oder spezifisch sein. Eine globale Ursache für Laras Misserfolg könnte sein, dass sie generell nicht gut mit den Anforderungen in der Uni zurechtkommt. Eine spezifische Ursache wäre hingegen dann gegeben, wenn Lara nur mit den Lehrmethoden des Professors der Grundlagenvorlesung in VWL nicht zurechtkommt und daher das Verständnis der Themen speziell dieser Grundlagenvorlesung in VWL für Lara erschwert wurde.

Jede Ursachenerklärung für ein Ereignis, also auch die oben genannten prototypischen Ursachen Begabung, Anstrengung, Aufgabenschwierigkeit und Zufall

können in diese vier Dimensionen nach Weiner eingeordnet werden. Im Folgenden soll dies mit Beispielen verdeutlicht werden.
- Lara besteht die Grundlagen-Klausur im Fach VWL nur knapp. Im Anschluss sieht sie als Ursache dafür ihre vermeintlich geringe **Begabung** an, wissenschaftliche Modelle zu verstehen und anwenden zu können. Begabung wird typischerweise als ein Faktor innerhalb einer Person (*internal*) angesehen, der von gewisser zeitlicher Dauer (*zeitlich stabil*) und nicht gut beeinflussbar (*unkontrollierbar*) ist. Zudem wirkt der Faktor in einer Reihe von Anforderungssituationen (*global*).
- Alternativ könnte Lara ihren Misserfolg auch darauf zurückführen, zu wenig Zeit und Mühe in das Lernen für die Klausur investiert zu haben. Diese Ursache, welche auch unter dem Begriff **Anstrengung** zusammengefasst werden kann, wird typischerweise als ein innerhalb der Person lokalisierter (*internal*), *zeitlich variabler*, *kontrollierbarer* sowie *spezifischer* Faktor gesehen.
- Eine dritte mögliche Ursache ist die **Schwierigkeit der Aufgabe**: In der VWL Grundlagen-Klausur wurde weniger nach reinem Wissen gefragt. Die Klausur beinhaltete hingegen sehr viele Transferaufgaben. Dieser Faktor, die Schwierigkeit dieser spezifischen Klausur, wird typischerweise als außerhalb der Person (*external*), *zeitlich stabil*, durch eine andere Person *kontrollierbar* sowie *spezifisch* für ein Ereignis angesehen.
- Lara könnte auch den **Zufall** als Ursache betrachten. Lara nahm einen Bus früher, um pünktlich zur Klausur zu erscheinen. Dieser hatte auf dem Weg zur Universität einen Unfall, weswegen sie dann doch zu spät zur Klausur erschien und daher weniger Zeit zur Bearbeitung der Aufgaben hatte. Der Zufall wird typischer als ein Faktor angesehen, der außerhalb der Person liegt (*external*), *zeitlich variabel* sowie durch die Person *nicht kontrollierbar* und *spezifisch* ist.

## 2.4 Konsequenzen/Folgen von Attributionen

Gemäß der Attributionstheorie der Motivation und Emotion von Weiner (1985) beeinflussen Attributionen die individuelle Erfolgserwartung für zukünftige Ereignisse sowie die Gefühlslage von Personen. Hierbei sind vor allem die Dimensionen der Ursachenerklärungen bedeutsam. Nicht alle Dimensionen beeinflussen die Gefühlslage und die zukünftige Erfolgserwartungen im gleichen Maße. Bestimmte Dimensionen nehmen Einfluss auf bestimmte Aspekte des Erlebens. So beeinflussen die Dimensionen Lokation und Kontrollierbarkeit vor allem die Gefühlslage einer Person nach einem Misserfolg in einer bestimmten Situation. Die Dimension der Stabilität hat einen großen Einfluss auf die Erwartung auf Erfolg in zukünftigen, ähnlichen Leistungssituationen. Die Dimension der Globalität beeinflusst wiederum die Gefühlslage und die Erfolgserwartungen nicht nur in Bezug zu ähnlichen Situationen, sondern auch die Gefühle und Erfolgserwartungen bezüglich entfernt verwandter Situationen. Das Zusammenspiel der Ausprägungen der vier Dimension Lokation, Stabilität, Kontrollierbarkeit und Globalität mit ihren Konsequenzen für die Gefühlslage und Erfolgserwartungen wird in Tab. 2.3 tiefergehend erläutert sowie anhand von Beispielen illustriert.

**Tab. 2.3** Auswirkungen der Ursachendimensionen auf die Erfolgserwartung und Gefühlslage

| Dimension | Beeinflusster Aspekt | Beispiele |
|---|---|---|
| Lokation  | *Gefühlslage* Wird nach einem Misserfolg die Ursache innerhalb der Person gesehen, werden der Stolz und das Selbstwertgefühl eher angegriffen, als wenn die Ursache außerhalb der Person wahrgenommen wird. | Laurenz bekommt nach einem Referat die Rückmeldung, dass er sehr monoton geredet und immer wieder Füllwörter wie „ähm" und „halt" verwendet hat. Dies hat es den Zuhörer*innen erschwert, ihm bei seiner Präsentation zu folgen und somit die Inhalte zu verstehen. Laurenz folgert, dass seine mangelnde Sprachbegabung Grund für den Misserfolg seines Referats war. Dies beeinträchtigt sein Selbstwertgefühl. Sieht Laurenz dagegen die mangelnde Mitarbeit und ein mangelndes Bemühen seitens seiner Zuhörer*innen als ursächlich für das schlechte Verständnis der Inhalte an, wird sein Stolz und sein Selbstwertgefühl weniger beeinträchtigt. |
| Stabilität  | *Erfolgserwartung* Bei einer variablen Ursache für einen Misserfolg leidet die Erwartung, zukünftig Erfolg zu haben, weniger als bei zeitlich stabilen Ursachen. | Carsten hat generell Angst vor Prüfungssituationen, so auch während der mündlichen Abitur-Prüfung. Er sieht dies als Grund für seine schlechte Leistung in dieser Prüfung an. Nimmt Carsten einen solchen stabilen Grund für seine schlechte Note in der mündlichen Prüfungssituation an, ist seine Erfolgserwartung für zukünftige mündliche Prüfungen gering. Glaubt Carsten hingegen, dass die mündliche Prüfungssituation einfach eine völlig neue, unvertraute Situation für ihn war und er wegen seiner verstärkten Aufregung ein Black-Out hatte, hat er die Erwartung, dass die nächste Prüfung besser werden kann, auch wenn diese wieder mündlich sein wird. Beim nächsten Mal weiß er, was ihn erwartet und er kann weniger aufgeregt in die Prüfung gehen. |

## 2.4 · Konsequenzen/Folgen von Attributionen

**Tab. 2.3** (Fortsetzung)

| Dimension | Beeinflusster Aspekt | Beispiele |
|---|---|---|
| Kontrollierbarkeit  | *Gefühlslage* Wird nach einem Misserfolg die Ursache als kontrollierbar wahrgenommen, resultieren daraus wahrscheinlicher Gefühle wie Scham und Schuld. Dagegen werden eher Gefühle des Ärgers empfunden, wenn die Ursache nicht durch einen selbst (wohl aber durch andere) kontrollierbar erscheint. Im Falle einer als unkontrollierbar wahrgenommenen Ursache entsteht ein Gefühl der Hilflosigkeit. | Frau Hasse hat ihren Unterricht nur sehr kurzfristig am Vortag vorbereitet. Im Unterricht verhaspelt sie sich. Frau Hasse sieht ihre mangelnde Sorgfalt im Vorfeld als Ursache. Sie hätte sich für die Vorbereitung der Unterrichtsstunde mehr Zeit nehmen sollen, um sich die Unterrichtsthemen nochmal zu strukturieren. Sie sieht sich deshalb selbst in der Verantwortung dafür, dass sie im Unterricht mehrmals Dinge durcheinandergebracht hat. Die Schuld für den schlechten Stundenverlauf gibt sie sich selbst. Hat Frau Hasse dagegen den Eindruck, dass die Schüler*innen die Ursache sind, weil diese stets nicht abwarten können bis sie ein Konzept fertig erklärt hat und zudem dauernd Zwischenfragen zu längst vergangenen oder noch kommenden Themen stellen, so ist sie verärgert über die Schüler*innen. Sie selbst fühlt sich nicht schuldig. Eine Schülerin von Frau Hasse war in letzter Zeit sehr oft krank, hängt deshalb hinter dem Stoff zurück und kommt im Unterricht nicht mehr mit. Die vergangene Krankheit ist eine für Frau Hasse und für die Schülerin unkontrollierbare Ursache. Frau Hasse fühlt sich womöglich hilflos, da sie nicht weiß, wie sie gleichzeitig diese Schülerin im Unterricht einbinden und den Lehrplan einhalten kann. |

(Fortsetzung)

● Tab. 2.3 (Fortsetzung)

| Dimension | Beeinflusster Aspekt | Beispiele |
|---|---|---|
| Globalität  | *Gefühlslage und Erfolgserwartung* <br> Wird nach einem Misserfolg die Ursache als global wahrgenommen, dann werden sich die Verhaltenskonsequenzen (etwa hinsichtlich Erfolgserwartung und Gefühlslage) auch auf andere, nur entfernt verwandte Situationen übertragen. Wird der Grund in spezifischen Ursachen gesehen, dann bleiben die Wirkungen auf diese Situation beschränkt. | Konstantin denkt über sich selbst, dass er generell nicht gut im Auswendiglernen ist und daher auch die Anatomie-Klausur nicht bestanden hat. Er sieht diese Kompetenz, gut im Auswendiglernen zu sein, als zentral für den Erfolg in einem Medizinstudium an. Er wird daher auch für zukünftige Klausuren eine geringe Erfolgserwartung haben. Zudem schämt er sich aufgrund seiner mangelnden Fähigkeiten, was sich auch auf zukünftige Klausursituationen überträgt. <br><br> Denkt Konstantin hingegen, dass der Misserfolg in der Anatomie-Klausur in einer spezifischen Ursache begründet ist, wie zum Beispiel der schlecht gedruckten und daher nicht gut identifizierbaren Abbildungen in der Klausur, gibt es keinen Grund für ihn, auch in den anderen Klausuren in seinem Studium Misserfolg zu erwarten. Seine negativen Gefühle beschränken sich allein auf die Situation in der Anatomie-Klausur. |

Neben dieser Beeinflussung der Gefühlslage und der Erfolgserwartung durch die Ursachenerklärungen wird in der Folge auch das zukünftige Verhalten vermittelt über die Erfolgserwartung und Gefühlslage beeinflusst. Wird als Ursache für den eigenen Misserfolg eine variable Ursache (wie beispielsweise mangelnde Anstrengung) gesehen, wird die Erfolgserwartung weniger beeinträchtigt und man wird versuchen, bei zukünftigen Aufgaben durch eine Steigerung der eigenen Anstrengung bessere Leistungen zu erzielen. Wird der Misserfolg dagegen auf eine stabile Ursache zurückgeführt (wie zum Beispiel mangelnde Begabung), kann dies durch die verringerte Erfolgserwartung zu weniger Ausdauer und zur Vermeidung leistungsbezogener Handlungen führen. Somit ist es nach einem Misserfolg motivationsförderlich für zukünftige Leistungen, wenn Lernende eine vermeintlich geringe Begabung nicht als (alleinige) Ursache für den Misserfolg wahrnehmen. Beispielsweise wäre eine Attribution auf eine zu geringe Anstrengung, die sie zur Bewältigung der Aufgabe investiert haben, motivationsförderlicher. Diese Erklärung von Misserfolgen durch variable Ursachen wie Anstrengung oder durch stabile Ursachen wie Begabung kann von außen beeinflusst werden (vgl. Abschn. 2.2.2). Auch die durch Attributionen entstandene Gefühlslage kann sich auf zukünftiges Verhalten auswirken – so können etwa empfundene Verantwortung und Schuld nach einem Misserfolg, welche durch eine Attribution auf internale und kontrollierbare Ursachen hervorgerufen werden, dazu motivieren, zukünftig mehr Anstrengung zu zeigen, um nicht nochmals einen Misserfolg und die damit einhergehenden negativen Gefühle zu empfinden (Haynes et al. 2009).

## 2.5 Zusammenfassung

Unter dem Begriff der Attributionen sind die von uns vorgenommenen Zuschreibungen von Ursachen zu Handlungen, Verhaltensweisen und Ereignissen zu verstehen. In Leistungssituationen werden Attributionen vor allem dann gebildet, wenn ein Misserfolg zu verarbeiten ist. Die Attributionen dienen dazu, Ereignisse besser zu verstehen, dadurch Kontrolle über die eigenen Verhaltensergebnisse zu gewinnen und so zukünftig erfolgreicher handeln zu können. Sie können auf der Basis von Beobachtungen, die mit dem Ereignis variieren und sich auf Personen, die Zeit sowie Situationen beziehen, gebildet werden. Je nach Kombination der Beobachtungen werden Ereignissen entsprechende Ursachen zugeschrieben. Zudem können auch Rückmeldungen von anderen Personen zur Bildung von Attributionen herangezogen werden. Hierbei wird zwischen anstrengungsbezogenem und fähigkeitsbezogenem Feedback unterschieden.

Die Eigenschaften von Attributionen lassen sich auf unterschiedlichen Dimensionen einordnen. Diese sind Lokation, Stabilität, Kontrollierbarkeit und Globalität. Je nach Ausprägung der Attributionen auf diesen vier Dimensionen werden Gefühlslagen und zukünftige Erfolgserwartungen beeinflusst. Diese Effekte wirken sich wiederum auf zukünftiges Verhalten aus.

## Literatur

Baumeister, R. F., Hutton, D. G., & Cairns, K. J. (1990). Negative effects of praise on skilled performance. *Basic and Applied Social Psychology, 11*(2), 131–148. https://doi.org/10.1207/s15324834basp1102_2.

Haynes, T. L., Perry, R. P., Stupnisky, R. H., & Daniels, L. M. (2009). A review of attributional retraining treatments: Fostering engagement and persistence in vulnerable college students. In J. S. Smart (Hrsg.), *Higher education: Handbook of theory and research* (Bd. 24, S. 227–272). Dordrecht: Springer. https://doi.org/10.1007/978-1-4020-9628-0_6.

Heider, F. (1958). *Psychological theory of attribution: The psychology of interpersonal relation.* New York: Wiley.

Kelley, H. H. (1973). The processes of causal attribution. *American Psychologist, 28*(2), 107–128. https://doi.org/10.1037/h0034225.

Mueller, C. M., & Dweck, C. S. (1998). Praise for intelligence can undermine children's motivation and performance. *Journal of Personality and Social Psychology, 75*(1), 33–52. https://doi.org/10.1037/0022-3514.75.1.33.

Stiensmeier-Pelster, J., & Heckhausen, H. (2018). Kausalattribution von Verhalten und Leistung. In J. Heckhausen & H. Heckhausen (Hrsg.), *Motivation und Handeln* (5. Aufl., S. 451–492). Berlin/Heidelberg: Springer. https://doi.org/10.1007/978-3-662-53927-9_15.

Weiner, B. (1985). An attributional theory of achievement motivation and emotion. *Psychological Review, 92*(4), 548–573. https://doi.org/10.1037/0033-295X.92.4.548.

# Gedanken verändern: Reattributionstrainings zur Veränderung von Ursachenerklärungen

**Inhaltsverzeichnis**

3.1 Das Konzept „Reattributionstraining" – 28

3.2 Ziele von Reattributionstrainings – 29

3.3 Typische Schritte von Reattributionstrainings – 31

3.4 Typische Techniken von Reattributionstrainings – 33

3.5 Wissenschaftliche Beispiele für Reattributionstrainings – 35
3.5.1 Reattribution im Schulkontext – 35
3.5.2 Reattribution im Hochschulkontext – 36

3.6 Zusammenfassung – 38

Literatur – 38

© Springer Fachmedien Wiesbaden GmbH, ein Teil von Springer Nature 2021
M. E. Badewitz et al., *Schüler*innen und Studierende motivieren*,
https://doi.org/10.1007/978-3-658-32516-9_3

In diesem Kapitel werden folgende Fragen geklärt:
- Was sind Reattributionstrainings? (Abschn. 3.1)
- Welche Ziele verfolgen Reattributionstrainings? (Abschn. 3.2)
- Wie wird vorgegangen, wenn Ursachenerklärungen verändert werden sollen? (Abschn. 3.3)
- Welche Techniken können angewendet werden, um Ursachenerklärungen zu verändern? (Abschn. 3.4)
- Wie werden Reattributionstrainings in der Forschung umgesetzt? (Abschn. 3.5)

Wie wir im vergangenen Kapitel gesehen haben, wirken sich die Ursachenerklärungen über Motivationsprozesse auf das Verhalten von Personen aus. Daher sind Ursachenerklärungen auch ein wichtiger Ansatzpunkt, um die Motivation von Lernenden zu fördern. Die Veränderung von Ursachenerklärungen hilft Lernenden dabei, ihr zukünftiges Verhalten anzupassen und beispielsweise trotz Misserfolgen erneut Motivation aufzubringen oder auch eigene erzielte Erfolge motivationsförderlich zu verarbeiten. Um das in diesem Kapitel vorgestellte Konzept der Reattributionstrainings zu illustrieren, werden wir anhand eines Beispiels die Ziele, Vorgehensweisen und Techniken von Reattributionstrainings verdeutlichen.

▶ **Beispiel – Misserfolg in der Nachprüfung**
Anna ist in der elften Klasse. Dieses Jahr hat sie sich in der Schule besonders schwergetan. Es steht auf der Kippe, ob sie das Schuljahr noch einmal wiederholen muss. Eines der Fächer, in denen sie eine Nachprüfung ablegen muss, ist Mathematik. In dieser Prüfung befindet sie sich nun. Die bisherigen Aufgaben konnte sie nicht komplett lösen. Die nächste Aufgabe muss also richtig gelöst werden, damit sie noch die Chance hat zu bestehen. Annas Anspannung ist sehr groß. Unwillkürlich muss sie an die letzte Matheklausur denken, in welcher Aufgaben zum selben Themengebiet behandelt wurden. In dieser Klausur konnte sie eigentlich keine Aufgabe lösen; ihre Klausur wurde mit der Note 5 bewertet. *„Das darf mir jetzt nicht wieder passieren" – „Ich glaube, ich kann das nicht"*. Anna ist hochkonzentriert, dennoch fällt ihr der richtige Lösungsweg nicht ein. *„Ich bin einfach zu dumm"*, ist Annas enttäuschtes Fazit am Ende der Prüfung. ◄

## 3.1 Das Konzept „Reattributionstraining"

Auch wenn Gedanken oft unwillkürlich entstehen, ist es möglich, sie willentlich zu steuern und zu verändern. Zur Veränderung der Ursachenerklärungen von Ereignissen (z. B. Ursachenerklärungen für eigene oder fremde Leistungen im schulischen und akademischen Kontext) werden sogenannte Reattributionstrainings eingesetzt. Diese Reattributionstrainings sind psychologische Techniken, welche die aktuell vorliegenden Attributionen in günstiger Art und Weise verändern. Dadurch werden das Erleben und Verhalten der betreffenden Person beeinflusst und in der Folge können Motivation und Leistung gesteigert werden (Haynes et al. 2009; Robertson 2000).

In unserem Beispiel führt Anna das Scheitern bei der Aufgabenlösung auf ihre vermeintliche Dummheit (mangelnde Begabung) zurück. Da Begabung oft als eher zeitlich stabile, innerhalb der Person liegende Eigenschaft betrachtet wird, fühlt sich Anna schlecht und hat den Eindruck, nichts an der Situation ändern zu können. Ihre Einstellung gegenüber zukünftigen Prüfungen ist pessimistisch, das Versagen kann aus ihrer Sicht jederzeit wieder auftreten, und sie meint, nichts dagegen tun zu können. Ihre aktuelle Ursachenerklärung ist somit ungünstig. Ein Reattributionstraining kann Abhilfe schaffen. Was genau ungünstige und günstige Attributionen ausmacht, wird im nächsten Abschnitt erläutert.

> Reattributionstrainings sind psychologische Techniken, die aktuell vorliegende (ungünstige und ggf. unrealistische) Ursachenerklärungen in günstiger Art und Weise verändern.

## 3.2 Ziele von Reattributionstrainings

Das Ziel eines Reattributionstrainings ist die Veränderung von Attributionen: Lernende sollen dazu gebracht werden, sich Ergebnisse von bestimmten gezeigten Verhaltensweisen (z. B. Erfolg oder Misserfolg in einer Klausur) durch angemessene, motivational günstige Ursachen zu erklären. Meist ist eine günstige Attribution nach einem Misserfolg eine, bei der die wahrgenommenen Ursachen innerhalb der Person liegen (internal) sowie zeitlich variabel, kontrollierbar und spezifisch für eine Situation sind. Eine günstige Ursachenerklärung hat positive Effekte darauf, wie sich die Lernenden fühlen, wie ihre Erfolgserwartungen ausfallen und wie sie sich zukünftig verhalten. Externale, stabile, unkontrollierbare und globale Ursachenerklärungen nach Misserfolg sind hingegen oft ungünstige Attributionen (Haynes et al. 2009). In dem oben genannten Beispiel ist die von Anna gefundene Ursache, vermeintlich zu dumm zu sein, die Ursachenerklärung des Misserfolgs. Wie aber wäre es, wenn Anna dem Scheitern in ihrer Nachprüfung eine andere Ursache zuschreiben würde? Möglicherweise war Annas Lerntechnik nicht geeignet – anstelle sich die Lösungen der im Unterricht behandelten Aufgaben wieder und wieder anzuschauen, müsste sie häufiger üben, neue Aufgaben zu lösen. Eine weitere denkbare Ursache ist, dass sich die Lernbedingungen stark von den Bedingungen in der Prüfungssituation unterscheiden: Während Anna in der Prüfung unter Zeitdruck steht und sehr aufgeregt ist, nimmt sie sich beim Lernen sehr viel Zeit zum Lösen von Aufgaben.

Nach einem Misserfolg gibt es viele Ursachenerklärungen. Einige davon sind gleichermaßen plausibel, jedoch sind manche dieser Ursachenerklärungen förderlicher für die Motivation als andere. Genau dies sind die günstigen Ursachenerklärungen, die sich wie oben beschrieben dadurch auszeichnen, dass die gefundenen Ursachen innerhalb der Person liegen (internal), zeitlich variabel, kontrollierbar und spezifisch für eine Situation sind. Im Beispiel „Misserfolg in der Nachprüfung" wären die Wahl der Lerntechnik oder das Herstellen von Lernbedingungen, die der Prüfungssituation entsprechen, durch Anna selbst (internal) kontrollierbare Ursachen, die sich über die Zeit hinweg verändern (zeitlich variabel) und spezifisch auf die Lernsituation angepasst werden können. Die von Anna ursprünglich gefundene Ursache, dass sie zu dumm sei, erfüllt die Anforderungen einer günstigen Ursachenzuschreibung nicht.

Entsprechend ist es ein Ziel von Reattributionstrainings, dass Lernende erkennen, dass sie Misserfolgen nicht hilflos ausgeliefert sind, sondern dass sie selbst aktiv etwas für die Erreichung besserer Leistungen in der Zukunft tun können. Durch veränderte Attributionen erhalten Lernende neue Motivation, sie haben positivere Erfolgserwartungen, erleben Erfolge und Misserfolge als kontrollierbar und fühlen sich besser. Dies kann sich in der Folge auf zukünftige Lern- und Leistungssituationen positiv auswirken (Haynes et al. 2009). Tab. 3.1 stellt günstigen Ursachenerklärungen ungünstigen gegenüber und vergleicht deren Folgen.

**Tab. 3.1** Beispiele für günstige und ungünstige Ursachenerklärungen nach einem Misserfolg und deren Folgen

**Beispielhafte Ausgangssituation – Misserfolgserlebnis:**
Die Aufgaben in der Mathematik-Nachprüfung konnten nicht gelöst werden, was zu einer Wiederholung der Jahrgangsstufe führt.

| Art/Folge der Ursachenerklärung | günstige Ursachenerklärungen | ungünstige Ursachenerklärungen |
|---|---|---|
| Beispiele | „Ich habe mich nicht genügend auf die Prüfung vorbereitet." „Meine aktuelle Lerntechnik ist nicht optimal." „Ich habe mir beim Lernen nie ein Zeitlimit zur Aufgabenlösung gesetzt oder den Druck der Prüfungssituation vorgestellt." | „Ich kann das einfach nicht." „Ich bin zu dumm dafür." „Ich kann mit dem Druck bei Leistungssituationen einfach nicht umgehen." |
| Eigenschaften der Ursachenerklärungen | Internal, zeitlich variabel, kontrollierbar und spezifisch „Ich habe es selbst in der Hand, mich zu verbessern." | External, zeitlich stabil, nicht kontrollierbar und global „Ich kann nichts daran ändern, dass ich schlecht bin." |
| Entstehende Gefühle | ermutigt, optimistisch, (ziel-)fokussiert, bestärkt | entmutigt, pessimistisch, niedergeschlagen, hilflos |
| Zukünftige Erwartungen | Erfolgserwartungen an zukünftige Leistungssituationen | Misserfolgserwartungen an zukünftige Leistungssituationen |
| Motivation | Motivation steigt | Motivation sinkt |
| Zukünftiges Verhalten | Motivierte Einstellung, Lust am Lernen und verbesserte Leistung Im Beispiel: Steigerung der ins Lernen investierten Zeit; verstärkte eigenständige Aufgabenlösung; Lernen unter Bedingungen, die der Prüfungssituation möglichst nahe kommen | Bedrückte Stimmung und unsicheres Gefühl beim Lernen. Keine (positive) Veränderung des Lernens und ggf. Verschlechterung der Leistung. |

Reattributionstrainings können von jeder Person durchgeführt werden, die mit den Techniken zur Veränderung von Ursachenerklärungen vertraut ist. Die Techniken können auf unterschiedliche Situationen und Personen angepasst werden und sind somit vielfältig einsetzbar. Wenn das jeweilige Konzept der Technik verstanden wurde, ist es nicht nur möglich, dass eine Lehrkraft ihre Lernenden darin schult, auch die Lernenden können selbstständig ihre Ursachenerklärungen hinterfragen und verändern.

Auch wenn Reattributionstrainings sich nicht immer in vollem Umfang und in Reinform im typischen Bildungsalltag realisieren lassen, ergeben sich aus der Darstellung dieser Trainings viele Ansatzpunkte im Sinne einzelner Techniken, die man im schulischen und akademischen Alltag einsetzen kann.

## 3.3 Typische Schritte von Reattributionstrainings

Zur Veränderung von Ursachenerklärungen wird typischerweise ein schrittweises Vorgehen im Rahmen von Reattributionstrainings empfohlen. Die insgesamt sechs Schritte werden nachfolgend dargestellt. Sie beschreiben einen idealtypischen Ablauf, welcher bei einem realen Einsatz der Techniken im schulischen oder akademischen Kontext nicht immer in vollem Umfang eins zu eins umgesetzt werden kann. Die Kenntnis des Ablaufs ist jedoch auch hilfreich, wenn einzelne dieser Schritte nur in Ansätzen und im begrenzten zeitlichen Rahmen realisiert werden können.

1. **Aktuelle Ursachenerklärungen erkunden:** Reattributionstrainings können bei bestimmten Lernenden besonders große Effekte erzielen. Diese Lernenden zeichnen sich dadurch aus, dass ihre aktuelle Art und Weise der Attribuierung ungünstig ist, beispielsweise wenn die Ursachen bei eigenen Misserfolgen als nicht selbst beeinflussbar angesehen werden. Im ersten Schritt sollten daher die aktuellen Ursachenerklärungen der Lernenden erkundet werden:
   - Wenn die*der Lernende einen Misserfolg erlebt, auf welche Ursachen führt sie*er diesen zurück?
   - Sind ihre*seine aktuellen Ursachenerklärungen ungünstig und motivationsabträglich?
   
   Anhand der aktuellen Ursachenerklärungen lässt sich ableiten, bei welchen Lernenden die Durchführung eines Reattributionstrainings besonders sinnvoll ist.

2. **Festlegung des Ziels:** Im zweiten Schritt wird nun überlegt, was das Ziel des Reattributionstrainings bzw. die Aufgabe der*des Lernenden ist. Hierbei ist es wichtig, dass das Ziel sehr konkret und auf die*den betreffende*n Lernende*n ausgerichtet ist. Folgende Fragen können bei der Zielsetzung zusätzlich hilfreich sein:
   - In welchen Situationen wird ungünstig attribuiert?
   - Auf welchen Dimensionen (Lokation, Stabilität, Kontrollierbarkeit oder/und Globalität) liegen ungünstige Attributionen vor?
   - Bis wann soll diese Veränderung der Attributionen erreicht werden?

3. **Überprüfung des Ziels:** Nachdem das Ziel festgelegt wurde, sollte überprüft werden, ob dieses auch für die*den betreffende*n Lernende*n erreichbar ist. Dazu ist es notwendig zu überlegen, ob die angestrebten günstigen Attributionen auch realistisch für die*den betreffende*n Lernende*n sind, und sie*er mit der dadurch gewonnen Motivation tatsächlich eine bessere Leistung erzielen kann. Zu hoch gesteckte oder unrealistische Ziele können auch mit Hilfe der Reattributionstrainings kaum realisiert werden. Wenn beispielsweise vermutet wird, dass ein*e Lernende*r häufig schlecht in Prüfungen abschneidet, weil die falsche Lerntechnik angewendet wird, könnte das Ziel sein, dass die*der Lernende erkennt, dass ihre*seine angewendete Strategie ihre*seine schlechte Leistung verursacht und eine Änderung der Strategie zu einer besseren Leistung führen kann. Es ist dann sicherzustellen, dass die*der Lernende die Vorkenntnisse zur Aneignung dieser anderen Technik besitzt, damit die Erreichung des Ziels realistisch ist.

4. **Auswahl der Techniken und Materialien:** Im nächsten Schritt sollte festgelegt werden, welche Techniken für das Reattributionstraining benutzt werden sollten. In Abschn. 3.4 werden mögliche Techniken eines Reattributionstrainings erläutert.

5. **Anwendung des Reattributionstrainings:** Der fünfte Schritt stellt die tatsächliche Änderung der typischen Ursachenerklärungen dar. Mithilfe der ausgewählten Techniken und dazugehörigen Materialien werden ungünstige Attributionen zu günstigen verändert.

6. **Überprüfung des Erfolgs:** Zum Abschluss empfiehlt es sich, den Erfolg des Reattributionstrainings zu überprüfen.
    - Kann die*der Lernende die erlernten Techniken anwenden?
    - Haben sich die Ursachenerklärungen in wünschenswerter Weise verändert?
    - Sollten Übungen wiederholt werden, um das neu erlernte Wissen zu festigen?
    - Ist bereits feststellbar, dass sich die veränderten Ursachenerklärungen auch in verändertem Verhalten oder Leistungen äußern?
    - Wie geht die*der Lernende damit um, wenn sie*er einen erneuten Rückschlag erlebt?

---

▶ **Beispiel**

Anwendung der sechs Schritte zur Durchführung eines Reattributionstrainings ◀

Anhand des Beispiels von Anna, die in ihrer Nachprüfung die Matheaufgaben nicht lösen kann, gehen wir die sechs Schritte des Reattributionstrainings durch.

1. **Aktuelle Ursachenerklärung erkunden:** Annas Klassenlehrer weiß, dass Anna bei der Rückgabe der letzten Mathematikklausur sehr niedergeschlagen war. Bei der heutigen Nachprüfung konnte sie die Aufgaben erneut nicht lösen. Er sucht das Gespräch mit ihr und fragt sie, woran es ihrer Meinung nach lag, dass sie die Aufgaben in der Prüfung nicht lösen konnte. Anna antwortet daraufhin, dass sie nicht schlau genug sei, um Mathematik zu verstehen. An dieser Aussage erkennt der Lehrer, dass Anna einen ungünstigen Attribu-

tionsstil besitzt: Sie führt den Misserfolg auf mangelnde Begabung zurück, also eine zeitlich stabile und für Anna nicht kontrollierbare Ursache. Die Durchführung einer Maßnahme zur Veränderung von Ursachenerklärungen ist bei Anna somit sehr sinnvoll.

2. **Festlegung des Ziels:** Der Klassenlehrer setzt das Ziel fest, dass Anna erkennt, dass die Ursachen für das Nichtbestehen von Prüfungen zum Teil ihrer eigenen Kontrolle unterliegen. Sie soll erkennen, dass sie ihre Ursachenerklärungen gezielt beeinflussen kann und damit auch ihre Motivation. Darüber hinaus soll sie wahrnehmen, dass ihr dies in der Folge dabei hilft, bei der nächsten Prüfung besser abzuschneiden.

3. **Überprüfung des Ziels:** Der Klassenlehrer weiß, dass Anna schon Prüfungen geschrieben hat, in denen sie deutlich besser abgeschnitten hat. Es ist also durchaus realistisch anzunehmen, dass sie die notwendigen Fähigkeiten besitzt, in kommenden Prüfungen bessere Leistung zu zeigen. Zudem ist es realistisch, dass die Ursachen für die Misserfolge zeitlich variabel, spezifisch und für sie kontrollierbar sind.

4. **Auswahl der Techniken und Materialien:** Es werden Techniken ausgewählt, die am besten zu Anna und dem Mathematiklernen passen.

5. **Anwendung der Reattributionstrainings:** Der Klassenlehrer führt das Reattributionstraining anhand der vorgegebenen Materialien der zuvor ausgewählten Techniken durch.

6. **Überprüfung des Erfolgs:** In der nächsten Mathematikklausur schreibt Anna die Note vier plus. Leider kommt es in der übernächsten Klausur zu einem erneuten Rückschlag. Der Klassenlehrer beobachtet Anna und stellt fest, dass sie zwar niedergeschlagen ist, aber zuversichtlicher wirkt als das letzte Mal. Als sie über mögliche Ursachen für den Misserfolg sprechen, merkt er, dass Anna günstigere Ursachenerklärungen wählt: *„Ich muss den Umgang mit dem Zeitdruck noch intensiver üben, das habe ich in der letzten Woche wieder stark vernachlässigt."* Das Reattributionstraining war erfolgreich und die Grundlage für eine erhöhte Motivation in Anbetracht zukünftiger Leistungssituationen und damit ein erfolgreiches, zukünftiges Lernen ist gelegt.

## 3.4 Typische Techniken von Reattributionstrainings

Im Rahmen von Reattributionstrainings können vier Techniken angewendet werden: Psychoedukation, Modellierungstechniken, Kommentierungstechniken und Beobachtungsinformationen. Diese sollen im Folgenden näher erläutert werden:

- **Über die Art von Ursachenerklärungen informieren: Psychoedukation**
  Bei der Psychoedukation werden Informationen über Ursachenerklärungen und der Möglichkeit zur Veränderung dieser gegeben. Die zu trainierenden Lernenden werden darüber informiert, was Ursachenerklärungen sind, wie sich diese auswirken und warum es sinnvoll sein kann, Ursachenerklärungen gezielt zu ver-

ändern. Die Lehrkraft kann die Lernenden zum Beispiel darüber informieren, welche Unterschiede es nach sich zieht, wenn man Misserfolge auf außerhalb der Person liegende und zeitlich stabile Ursachen (z. B. Schwierigkeit des spezifischen Themengebiets) oder auf innerhalb der Person liegende und zeitlich variable Ursachen (z. B. Anstrengung) zurückführt. Die Lernenden entwickeln so ein Verständnis über die Dimensionen von Ursachenerklärungen und deren Auswirkungen. Sie beobachten dann eigene Ursachenerklärungen genauer und erkennen, was günstige Attributionen von ungünstigen unterscheidet. Arbeitsblätter und Hilfestellungen zur Durchführung einer Psychoedukation finden sich in Kap. 5.

- **Ein gutes Beispiel sein: Modellierungstechnik**
  Die Modellierungstechnik basiert auf Erkenntnissen von Bandura (1977) zum Lernen aus Vorbildern. Bei dieser Technik stellt ein*e Lernende*r oder eine Lehrkraft stellvertretend für alle Lernenden ein Modell (Vorbild) dar. Das Modell zeigt auf, welche Ursachenerklärungen in einer gewissen Situation günstig wären und wie diese die Motivation erhöhen. Die Darstellung des Modells kann in unterschiedlicher Form erfolgen: live, per Video, in schriftlicher Form oder auch in anderen bildlichen Darstellungsweisen, wie zum Beispiel als Comic. Ein Lernender könnte zum Beispiel von einer Prüfungssituation berichten, bei der er günstige Ursachenerklärungen angewendet hat oder ein Dozent könnte über Studierende berichten, bei denen er beobachten konnte, dass sie günstige Ursachenerklärungen benutzen. In beiden Fällen sollte die Erzählung ebenfalls beinhalten, zu welchen positiven Konsequenzen diese günstigen Attributionen geführt haben. Im Anschluss an die Darbietung des Modells wird noch einmal herausgestellt, warum es sich bei den geschilderten Ursachenerklärungen um günstige Ursachenerklärungen handelt. Arbeitsblätter und Hilfestellungen zur Durchführung der Modellierungstechnik finden sich in Kap. 6.

- **Realistische Ursachen finden: Beobachtungsinformationen**
  Bei dieser Technik der Reattribution ist das Ziel, dass Lernende angeleitet werden, systematisch Informationen zu suchen, die helfen können, unrealistische Attributionen zu vermeiden. Diese Informationen gründen auf der beobachteten gemeinsamen Variation von bestimmten Ursachen und bestimmten Ereignissen über Personen, die Zeit und Situationen hinweg (vgl. Abschn. 2.2.1).
  Die Lernenden werden beispielsweise nach einem Misserfolg angehalten, drei Arten von Fragen zu beantworten:

1. Ist der Misserfolg nur bei mir aufgetreten oder auch bei anderen?
   - Wenn Misserfolge auch bei anderen auftreten, dann liegt die Ursache wahrscheinlich in äußeren Umständen.
   - Wenn Misserfolge nur bei mir auftreten, dann liegt die Ursache innerhalb meiner Person.
2. Ist der Misserfolg in der Vergangenheit schon öfter aufgetreten?
   - Wenn der Misserfolg in der Vergangenheit selten aufgetreten ist, dann ist die Ursache wahrscheinlich zeitlich variabel.

- Wenn der Misserfolg in der Vergangenheit schon öfter aufgetreten ist, dann ist es wahrscheinlich, dass die Ursache relativ stabil über die Zeit ist.
3. Ist der Misserfolg nur bei bestimmten Aufgaben aufgetreten oder auch bei anderen, nur entfernt verwandten Anforderungssituationen?
- Wenn der Misserfolg nur in ganz bestimmten Anforderungssituationen auftritt, dann ist es wahrscheinlich, dass die Ursache spezifisch ist.
- Wenn der Misserfolg auch in entfernt verwandten Anforderungssituationen auftritt, dann es ist wahrscheinlich, dass die Ursache global ist.

Arbeitsblätter und Hilfestellungen zur Sammlung und Interpretation von Beobachtungsinformationen finden sich in Kap. 7.

- **Erwünschte Ursachenerklärungen äußern: Kommentierungstechnik**
Bei dieser Technik werden Leistungen der Lernenden im Sinne erwünschter Ursachenerklärungen kommentiert (siehe z. B. Robertson 2000). Nach einem Misserfolg kann ein Ereignis zum Beispiel mit *„Du hast eine ungünstige Lerntechnik verwendet, versuche das nächste Mal eine andere Lerntechnik"* oder *„Du hast zu wenig für die Prüfung gelernt, bereite dich auf die nächste Klausur besser vor"* kommentiert werden. Diese Kommentare können von verschiedenen Quellen stammen, zum Beispiel von der Lehrkraft oder Mitlernenden. Anleitungen und Hilfestellungen zur Kommentierungstechnik finden sich in Kap. 8.

Jede dieser vier Techniken kann in der Praxis sowohl einzeln als auch in Kombination angewendet werden. In den nachfolgenden Kap. 5, 6, 7 und 8 wird jeweils dargestellt, unter welchen Bedingungen ein Einsatz der jeweiligen Technik besonders sinnvoll ist und wie die Techniken auch auf die Anforderungen des jeweiligen Falles angepasst werden können.

## 3.5 Wissenschaftliche Beispiele für Reattributionstrainings

Wie bereits dargestellt, gibt es aufgrund der verschiedenen Techniken und Anwendungskontexte nicht *das eine* Reattributionstraining. Um eine bessere Vorstellung über eine mögliche Umsetzung der typischen Schritte und Techniken zu vermitteln, finden sich in diesem Abschnitt die Erläuterungen zweier wissenschaftlicher Arbeiten, die die Durchführung von Reattributionstrainings beschreiben. Dabei beschreibt die erste Studie die Anwendung von Reattributionstrainings im Schulkontext und die zweite Studie deren Nutzung im Hochschulkontext.

### 3.5.1 Reattribution im Schulkontext

Ein Beispiel einer Studie zum Reattributionstraining im Schulkontext bildet die wissenschaftliche Arbeit von Sukariyah und Assaad (2015). Sie untersuchten die Wirkung eines Reattributionstrainings an 44 Schüler*innen der zehnten und elften Klasse einer Privatschule.

Die Schüler*innen wurden, basierend auf ihrem Ergebnis in einem Fragebogen, in dem ihr Attributionsstil erfasst wurde, in zwei Gruppen eingeteilt: Schüler*innen mit einem ungünstigen Attributionsstil wurden in die Trainingsgruppe eingeteilt. Diese Gruppe erhielt später ein Reattributionstraining. Die restlichen Schüler*innen bildeten eine zweite Gruppe, die kein Reattributionstraining erhielt. Diese Gruppe diente als Vergleich, um die Effekte des Trainings zu ermitteln. Es wurde sichergestellt, dass sich die Schüler*innen der beiden Gruppen vor Beginn des Trainings nicht in ihrer Mathematikleistung unterschieden, um auszuschließen, dass die erhofften Leistungsunterschiede im Fach Mathematik nach dem Training in unterschiedlichen Ausgangsvoraussetzungen der Schüler*innen begründet sind.

Vor Beginn des Trainings wurden die Lehrkräfte geschult. Sie wurden über Attributionsstile und deren motivationale Effekte aufgeklärt. Außerdem wurden sie mit Hilfe von Beispielen darin geschult, ihren Schüler*innen direktes Feedback zu geben, welches die gezeigte Leistung auf eine günstige Ursache bezieht. Dieses Feedback beinhaltete somit günstige Attributionen für die Leistungen der Schüler*innen. Die Lehrkräfte führten für das Reattributionstraining in ihren Klassen ein Lerntagebuch ein, in dem die Schüler*innen ihren persönlichen Lernfortschritt beobachteten und dokumentierten. Die Angaben in diesem Lerntagebuch gab den Lehrkräften die Möglichkeit, ihr Feedback, das die Attributionen der Schüler*innen in eine günstige, motivationsförderliche Richtung lenken sollten, nicht nur verbal im Unterricht zu äußern, sondern auch schriftlich zu geben. Die Lehrkräfte gaben dieses Feedback über den Verlauf von vier Wochen hinweg in der Trainingsgruppe an. Die Vergleichsgruppe erhielt weder das Portfolio noch das besondere Feedback. Nach vier Wochen füllten die Schüler*innen beider Gruppen erneut einen Fragebogen aus, der ihren Attributionsstil erfassen sollte. Außerdem wurde ein weiterer Mathematiktest durchgeführt.

Als Resultat dieser Studie zeigte sich, dass sich der Attributionsstil der Trainingsgruppe im Vergleich zum Vortest in günstiger Weise veränderte. Außerdem verbesserten sich die Schüler*innen der Trainingsgruppe in ihrer Mathematikleistung. Diese beiden positiven Entwicklungen der Trainingsgruppe waren bei den Schüler*innen der Vergleichsgruppe nicht zu beobachten (Sukariyah und Assaad 2015).

## 3.5.2 Reattribution im Hochschulkontext

Haynes et al. (2008) führten ein Reattributionstraining mit Studierenden durch. Es nahmen 336 Psychologie-Studierende aus dem ersten Studiensemester im Alter zwischen 17 und 26 Jahren an der Trainingsstudie teil. Ziel der Studie war es, ein Reattributionstraining hinsichtlich seines Effektes auf die Motivation und die Abschlussnote im ersten Studienjahr zu testen. Hierzu wurden die teilnehmenden Studierenden in zwei Gruppen aufgeteilt: eine Trainingsgruppe und eine Vergleichsgruppe. Studierende der Trainingsgruppe erhielten ein eintägiges Reattributionstraining, welches Elemente der Psychoedukation und der Modellierungstechnik beinhaltete. Studierende der Vergleichsgruppe erhielten kein Training.

Das Reattributionstraining setzte sich aus zwei Phasen zusammen. In der ersten Phase bekamen die Studierenden ein achtminütiges Video präsentiert. In diesem diskutierten zwei Studierende über ihr schlechtes Abschneiden in einem Test und mögliche Ursachen für diesen Misserfolg. Dabei äußerten beide Studierenden, dass

## 3.5 · Wissenschaftliche Beispiele für Reattributionstrainings

sie zunächst ihre geringe Begabung als Ursache für die schlechte Testleistung angesehen hatten. Die Studierenden berichteten weiter, dass sie nach einem Gespräch mit einem Freund merkten, dass nicht eine zu geringe Fähigkeit, sondern mangelnde Anstrengung und eine schlechte Lernstrategie plausiblere Gründe für ihren Misserfolg waren. Die Studierenden hoben hervor, dass mangelnde Anstrengung und eine schlechte Lernstrategie zeitlich variable und kontrollierbare Ursachen darstellen. Schließlich betonten sie noch, dass sie sich durch diese neuen Ursachenerklärungen ihres Misserfolgs besser fühlten und dass sich ihre Motivation und Leistung in Folge dieser Reattribution steigerten. Diese Diskussion im Video wurde eingerahmt durch Aussagen eines Psychologie-Professors. Vor der Diskussion stellte er die zwei Studierenden vor, nach Ende der Diskussion fasste er die wichtigsten Erkenntnisse aus dem Gespräch zwischen den Studierenden zusammen. Nach der Videopräsentation erhielten die Studierenden der Trainingsgruppe ein Arbeitsblatt mit zwei Listen von möglichen Attributionen für eine schlechte akademische Leistung. Die eine Liste beinhaltete Beispiele für innerhalb der Person liegende, zeitlich stabile und unkontrollierbare Attributionen, also ungünstige Ursachenerklärungen (z. B. *„Ich habe den Test nicht bestanden, weil ich nicht klug bin."*). Die andere Liste enthielt Beispiele für innerhalb der Person liegende, zeitlich variable und kontrollierbare Attributionen, somit günstige Ursachenerklärungen (z. B. *„Ich habe den Test nicht bestanden, weil ich nicht genug gelernt habe."*). Der Trainer des Reattributionstrainings erklärte den Studierenden anhand dieses Arbeitsblattes, wie die ungünstigen Attributionen in günstige Attributionen umgeändert werden können.

In der zweiten Phase des Reattributionstrainings wurden die Studierenden dazu angeregt, ihre eigenen vergangenen Reaktionen nach einem Misserfolg zu rekapitulieren. Außerdem wurden sie zu einer vertieften Verarbeitung der gelernten Informationen der ersten Phase des Reattributionstrainings angeregt. Hierzu wurde sie aufgefordert, vier Aufgaben schriftlich zu bearbeiten: (1) Zusammenfassung der Kernelemente des Videos, (2) Auflistung wichtiger Ursachen für eine schlechte Leistung von Studierenden, (3) Finden von Beispielen, wie die Kernelemente des Videos auf den eigenen Studienalltag angewendet werden können, (4) Erinnerung an Situationen im eigenen Studienalltag, in denen eine schlechte Leistung gezeigt wurde und Bewusstmachung der eigenen Gefühle in dieser Situation.

Für beide Gruppen wurde zweimal die Motivation mithilfe eines Fragebogens erhoben. Die erste Messung fand statt, kurz bevor die Trainingsgruppe das Reattributionstraining erhielt. Die zweite Messung fand fünf Monate später statt. Dies ermöglichte es, Unterschiede in der Veränderung der Motivation in Abhängigkeit der Gruppenzugehörigkeit (Reattributionstraining oder Vergleichsgruppe) ermitteln zu können. Als Maß für die Leistung der Studierenden beider Gruppen wurde am Ende des ersten Studienjahres die Durchschnittsnote herangezogen. Um auch hier ein Vergleichsmaß für die anfängliche Leistungsfähigkeit der Studierenden zu erfassen, wurde zudem für alle teilnehmenden Studierenden die Durchschnittsnote des letzten Schuljahres herangezogen.

Es zeigte sich, dass Studierende, die das Reattributionstraining erhielten, einen Anstieg in ihrer Motivation zeigten. Dies drückte sich vor allem darin aus, dass sie eine erhöhte Motivation hatten, neues Wissen zu erwerben und die Studieninhalte tiefgehend zu verstehen und somit ihre eigene Kompetenz zu erweitern. Für Studierende der Vergleichsgruppe konnte dieser Anstieg in der Motivation hingegen nicht gefunden werden. Hieraus lässt sich somit schließen, dass dieses Reattributionstraining eine positive Wirkung auf die Motivation von Studierenden hat. Zudem konnte gezeigt werden, dass Studierende der Trainingsgruppe am Ende des ersten Studienjahres bessere Leistungen aufwiesen als Studierende der Vergleichsgruppe. Dieser positive Effekt des Reattributionstrainings auf die Leistung kam durch den Anstieg in der Motivation zustande. Die verbesserte akademische Leistung der Trainingsgruppe war somit die Folge davon, dass die Trainingsgruppe eine erhöhte Studienmotivation durch das Reattributionstraining aufwies (Haynes et al. 2008).

## 3.6 Zusammenfassung

Reattributionstrainings sind psychologische Techniken zur Veränderung von Ursachenerklärungen, die versuchen, die aktuell vorliegenden (ungünstigen und ggf. unrealistischen) Ursachenerklärungen von Lernenden in günstiger Art und Weise zu verändern. Ziel der Reattributionstrainings ist dabei das Erleben und Verhalten der betreffenden Lernenden so zu beeinflussen, dass die Motivation und damit einhergehend die Leistung dieser gesteigert werden. Die Lernenden sollen erkennen, dass sie Misserfolgen nicht hilflos ausgeliefert sind, sondern dass sie selbst aktiv etwas dagegen tun können. Misserfolge werden somit als kontrollierbar wahrgenommen und die Motivation in zukünftigen Lern- und Leistungssituationen wird gesteigert.

Es gibt vier zentrale Techniken, die zur Veränderung von Ursachenerklärungen genutzt werden können: Psychoedukation (es wird über Attributionen und deren Wirkung informiert), Modellierungstechniken (eine Person wird als Vorbild genutzt), Kommentierungstechnik (erwünschte Ursachenerklärungen werden geäußert) und Beobachtungsinformationen (realistische Ursachen werden gefunden). Studien weisen auf die Wirksamkeit von Reattributionstrainings zur Veränderung von Motivation und Steigerung von Leistung hin.

## Literatur

Bandura, A. (1977). *Social learning theory*. Englewood Cliffs: Prentice-Hall.
Haynes, T. L., Daniels, L. M., Stupnisky, R. H., Perry, R. P., & Hladkyj, S. (2008). The effect of attributional retraining on mastery and performance motivation among first-year college students. *Basic and Applied Social Psychology, 30*(3), 198–207. https://doi.org/10.1080/01973530802374972.
Haynes, T. L., Perry, R. P., Stupnisky, R. H., & Daniels, L. M. (2009). A review of attributional retraining treatments: Fostering engagement and persistence in vulnerable college students. In J. S. Smart (Hrsg.), *Higher education: Handbook of theory and research* (Bd. 24, S. 227–272). Dordrecht: Springer. https://doi.org/10.1007/978-1-4020-9628-0_6.
Robertson, J. S. (2000). Is attribution training a worthwhile classroom intervention for K–12 students with learning difficulties? *Educational Psychology Review, 12*(1), 111–134. https://doi.org/10.1023/A:1009089118008.
Sukariyah, M. B., & Assaad, G. (2015). The effect of attribution retraining on the academic achievement of high school students in Mathematics. *Procedia – Social and Behavioral Sciences, 177*, 345–351. https://doi.org/10.1016/j.sbspro.2015.02.356.

# Materialien zur Motivationsförderung

Der zweite Teil des Bandes kann Lehrkräften wertvolle Materialen, Tipps und Hilfestellungen an die Hand geben, um Lernenden das Konzept der Attribution zu vermitteln und diese dazu zu befähigen und zu bestärken, selbstständig nach günstigen Ursachenerklärungen für die eigene Leistung zu suchen. Zu diesem Zweck wird in Kapitel 4 ein möglicher Einstieg in die Anwendung von Übungen zur Veränderung von Ursachenerklärungen anhand unterstützender Materialien erläutert. Anschließend werden in vier Kapiteln (Kap. 5, 6, 7 und 8) die unterschiedlichen Techniken näher betrachtet, die zur Veränderung von Ursachenerklärungen verwendet werden können (vgl. Erläuterungen in Abschn. 3.4).

Jedes dieser Kapitel enthält als Einführung einen kurzen Überblick über die jeweilige Technik, die behandelt wird. Es folgen Materialien, beispielsweise Arbeitsblätter, Leitfragen oder Skizzen zur Gestaltung einer Lehreinheit, die zur Anwendung der Technik mit Lernenden verwendet werden können. Einige Materialien sind zur schriftlichen Bearbeitung durch Lehrkräfte und Lernende bestimmt. Diese Materialien dienen dann jeweils als Vorlagen, welche zur Anwendung der Technik für die Lernenden kopiert werden können. Vor jedem Material erläutert ein Steckbrief das Ziel, notwendige Vorüberlegungen, die Zielgruppe, Hinweise zur Durchführung, mögliche Varianten und den konkreten Nutzen.

Es gibt zwar typische Schritte, die bei umfangreichen Reattributionstrainings durchgeführt werden, allerdings können und müssen bei der praktischen Anwendung mit Lernenden nicht alle Schritte gleichermaßen Anwendung finden. Die Auswahl der Techniken und Materialien hängt immer auch davon ab, welche Aspekte der Veränderung von Ursachenerklärungen unter die Lupe genommen werden, welche Rahmenbedingungen vorliegen und welche persönlichen Präferenzen bestehen. Nach Auswahl der Techniken müssen auch keinesfalls alle Materialien dieser Technik verwendet werden. Vielmehr sind die diversen Materialien als eine Sammlung an möglichen Übungen zu verstehen.

- Das Kap. 4 *„Bevor es losgeht: Sinnvolle Überlegungen"* befasst sich mit Voraussetzungen zur Anwendung von Übungen zur Veränderung von Attributionen; es gibt Hilfestellung zur gemeinsamen Zielfindung und Zielvereinbarung mit Lernenden, hilft typische Ursachenerklärungen bei Misserfolgen zu erkennen und bietet die Möglichkeit, den eigenen Attributionsstil kennenzulernen.
- Das Kap. 5 *„Über Attributionen informieren: Psychoedukation"* enthält Materialien zur Wissensvermittlung rund um das Konzept der Attribution. Es hilft zu erklären, was Attributionen sind, welche Dimensionen von Attributionen es gibt und wie sich Attributionen auf Erleben und Verhalten auswirken.
- Das Kap. 6 *„Ein gutes Beispiel sein: Modellierungstechnik"* gibt Leitfragen zur Erinnerung von Personen oder Situationen, die zur Modellierung verwendet werden können. Es bietet Rollenspiele, die zur Modellierung genutzt werden können und hilft bei der Entwicklung von Sätzen zur Selbstmodellierung.
- Das Kap. 7 *„Realistische Ursachen finden: Beobachtungsinformationen"* umfasst eine Übung zum Sammeln und Interpretieren von Informationen, die zur Findung von realistischen Ursachenerklärungen relevant sind. Es hilft auch, bei einem eigenen Misserfolg realistische Ursachenerklärungen zu bilden und leitet an, wie Lehrkräfte selbst Variationen zwischen Ursachen und Ereignissen beobachten und diese Lernenden zurückmelden können.
- Das Kap. 8 *„Erwünschte Ursachenerklärungen äußern: Kommentierungstechnik"* gibt eine Anleitung, wie man Lernende zur Äußerung von Attributionen anregen kann und wie

man günstige Attributionen verstärken sowie ungünstige Attributionen abschwächen kann.

Teile der Materialien sind online verfügbar. Ein Hinweis auf die entsprechende URL findet sich jeweils am Ende des Inhaltsverzeichnisses zum Kapitel.

| Kapitel | Material | | Ziel/Inhalt der Materialien |
|---|---|---|---|
| **4 Bevor es losgeht: Sinnvolle Überlegungen** | | | Hilfreiche Voraussetzungen zur Anwendung von Übungen zur Veränderung von Attributionen: |
| | Leitfragen für die Zielformulierung (Abschn. 4.1) | → | Mit Lernenden Ziele für die Durchführung von Reattributionsübungen vereinbaren |
| | Die eigenen typischen Ursachenerklärungen erkunden (Abschn. 4.2) | → | Herausfinden, ob Lernende günstige oder ungünstige Attributionen tätigen |
| | Die eigenen typischen Ursachenerklärungen kennenlernen und andere plausible Ursachenerklärungen erkunden (Abschn. 4.3) | → | Herausfinden, welche typische Attributionen Sie als Lehrkraft machen und überlegen, welche weiteren Ursachenerklärungen in Frage kommen |

| Kapitel | Material | | Ziel/Inhalt der Materialien |
|---|---|---|---|
| **5 Über Attributionen informieren: Psychoedukation** | | | Wissensvermittlung rund um das Konzept der Attribution: |
| | Leitfaden zur Erläuterung von Attributionen (Abschn. 5.1) | → | Lernende erfahren, was Attributionen sind |
| | Kennenlernen der Dimensionen von Ursachen- erklärungen (Abschn. 5.2) | → | Lernende erfahren, welche Dimensionen Attributionen haben können und wie sie Ursachenerklärungen auf diesen Dimensionen einordnen können |
| | Leitfaden zu den Auswirkungen unterschiedlicher Attributionen auf Erleben und Verhalten (Abschn. 5.3) | → | Lernende erfahren, inwiefern sich ver- schiedene Attributionen auf das eigene Erleben und Verhalten auswirken und welche Attributionen günstig bzw. ungünstig sind |
| | Definition, Dimensionen und Auswirkungen von Attributionen effektiv zusammen- gefasst (Abschn. 5.4) | → | Lernende erfahren in Kurzform, was Attributionen sind, welche Dimensionen es gibt und wie sich Attributionen auswirken können |

| Kapitel | Material | | Ziel/Inhalt der Materialien |
|---|---|---|---|
| **6 Ein gutes Beispiel sein: Modellierungstechnik** | | | Nutzung von Modellen zum Erlernen günstiger Attributionen: |
| | Modellierung durch Erfahrungsberichte (Abschn. 6.1) | → | An ein passendes Modell erinnern, das zur Modellierung durch einen Erfahrungsbericht genutzt werden kann |
| | Modellierung durch Rollenspiele (Abschn. 6.2) | → | Ein Rollenspiel-Skript erstellen oder auswählen, das zur Modellierung genutzt werden kann |
| | Selbstmodellierung durch Motivationssätze (Abschn. 6.3) | → | Motivationssätzen für Lernende generieren, durch die sie häufiger auf günstige Ursachenerklärungen attribuieren |

| Kapitel | Material | | Ziel/Inhalt der Materialien |
|---|---|---|---|
| **7 Realistische Ursachen finden: Beobachtungsinformationen** | | | Bildung realistischer Ursachenerklärungen durch die Beobachtung von gemeinsamer Variation: |
| | Informationen sammeln und verstehen (Abschn. 7.1) | → | Lernende üben, sich Beobachtungsinformationen einzuholen und realistische Schlüsse über Ursachenerklärungen abzuleiten |
| | Beobachtungen sammeln und realistische Ursachenerklärungen bilden (Abschn. 7.2) | → | Lernende finden realistische Ursachenerklärungen für ein konkretes Ereignis, indem sie feststellen, inwieweit das Ereignis etwas mit ihrer eigenen Person, der Zeit und Besonderheiten der konkreten Situation zu tun hat |
| | Variationen beobachten und zurückmelden (Abschn. 7.3) | → | Sie als Lehrkraft lernen, die Variation von Ursachen mit Ereignissen, die Ihre Lernenden betreffen, zu beobachten und diese Ihren Lernenden zurückzumelden |
| | Auf beobachtete Variation aufmerksam machen (Abschn. 7.4) | → | Beispielsätze, um Ihren Lernenden Ihre Beobachtungen bezüglich der Ursachenvariationen mitzuteilen |

| Kapitel | Material | | Ziel/Inhalt der Materialien |
|---|---|---|---|
| 8 Erwünschte Ursachenerklärungen äußern: Kommentierungstechnik | | | Rückmeldungen geben, die auf die Veränderung von Ursachenerklärungen abzielen: |
| | Äußerung von Attributionen anregen (Abschn. 8.1) | → | Formulierungshilfen erhalten, damit sich Lernende ihrer Attributionen bewusst werden und diese Ihnen gegenüber äußern |
| | Günstige Attributionen verstärken und ungünstige abschwächen (Abschn. 8.2) | → | Formulierungshilfen erhalten, die gefundene, günstige Attributionen von Lernenden bestärken und ungünstige Attributionen kenntlich machen sowie eine Suche nach anderen Ursachenerklärungen anregen |

## Inhaltsverzeichnis

Kapitel 4   Bevor es los geht: Sinnvolle Überlegungen – 47

Kapitel 5   Über Attributionen informieren: Psychoedukation – 63

Kapitel 6   Ein gutes Beispiel sein: Modellierungstechnik – 89

Kapitel 7   Realistische Ursachen finden: Beobachtungsinformationen – 109

Kapitel 8   Erwünschte Ursachenerklärungen äußern: Kommentierungstechnik – 135

# Bevor es los geht: Sinnvolle Überlegungen

## Inhaltsverzeichnis

**4.1 Leitfragen für die Zielformulierung – 49**
4.1.1 Steckbrief: Leitfragen für die Zielformulierung – 49
4.1.2 Arbeitsblatt: Leitfragen für die Zielformulierung – 51

**4.2 Die eigenen typischen Ursachenerklärungen erkunden – 52**
4.2.1 Steckbrief: Die eigenen typischen Ursachenerklärungen erkunden – 52
4.2.2 Arbeitsblatt: Die eigenen typischen Ursachenerklärungen erkunden – 53

**4.3 Die eigenen typischen Ursachenerklärungen kennenlernen und andere plausible Ursachenerklärungen erkunden – 58**
4.3.1 Steckbrief: Die eigenen typischen Ursachenerklärungen kennenlernen und andere plausible Ursachenerklärungen erkunden – 58
4.3.2 Arbeitsblatt: Die eigenen typischen Ursachenerklärungen kennenlernen und andere plausible Ursachenerklärungen erkunden – 60

**Ergänzende Information** Die elektronische Version dieses Kapitels enthält Zusatzmaterial, das berechtigten Benutzern zur Verfügung steht. https://doi.org/10.1007/978-3-658-32516-9_4

© Springer Fachmedien Wiesbaden GmbH, ein Teil von Springer Nature 2021
M. E. Badewitz et al., *Schüler\*innen und Studierende motivieren*,
https://doi.org/10.1007/978-3-658-32516-9_4

Sollten Sie sich dafür entscheiden, Übungen zur Veränderung von Attributionen mit einer*m oder mehreren Lernenden durchzuführen, um die Motivation ihrer Lernenden zu steigern, ist es sinnvoll, im Vorhinein einige Überlegungen anzustellen, damit Sie vor allem diejenigen Materialien auswählen können, die für Ihre spezifische Situation passend sind.

Bei einigen Übungen ist die Mitarbeit der Lernenden für den Erfolg der Übung zentral. Daher sollte eine Freiwilligkeit der Teilnahme durch die Lernenden als Ausgangspunkt für die Übungsdurchführung gegeben sein. Um diese zu klären, besprechen Sie im Vorfeld mit den Lernenden, mit denen Sie die Übungen durchführen wollen, was das Ziel der Übung ist und ob die Lernenden bereit sind, sich auf die Übung einzulassen, um gemeinsam mit Ihnen an den eigenen Ursachenerklärungen zu arbeiten.

Ebenso wichtig wie die Freiwilligkeit der Teilnahme seitens der Lernenden sind Vertraulichkeit und ein respektvoller Umgang miteinander. Es kann je nach Übung, Alter der Lernenden und Rahmen, in dem Sie die Übung durchführen wollen, sinnvoll sein, im Vorfeld der Übungsdurchführung Erwartungen und Wünsche aller Beteiligten zu besprechen, um so mögliche Missverständnisse zu vermeiden und einen gemeinsamen Fokus zu erzielen. Damit kann der Austausch zwischen Ihnen und Ihren Lernenden gefördert werden, der die Basis für Veränderungen von Attributionen darstellt. In den folgenden Materialien finden Sie Leitfragen, um sich gemeinsam mit den Lernenden ein Bild davon zu machen, wozu diese bereit sind und was das gemeinsame Ziel der Motivationsförderung sein soll.

Insgesamt ist es immer wichtig zu betonen, dass es sich bei Attributionen um individuelle Gedanken handelt, die für die einzelne Person in dieser Form vermutlich stimmig und gewohnt sind und daher nicht ohne weiteres von außen als falsch bezeichnet werden sollten. Ziel ist eine gemeinsame Auseinandersetzung mit bisherigen Ursachenerklärungen und eine gemeinsame Betrachtung wie diese motivations- und leistungsförderlich verändert werden können.

Wenn auch die Durchführung von Übungen zur Veränderung von Ursachenerklärungen zur Motivationsförderung generell wirksam ist, so gibt es dennoch Lernende, bei denen solche Übungen besonders große Effekte erzielen können. Das ist vor allem dann der Fall, wenn die aktuelle Art und Weise der Attribution ungünstig ist, beispielsweise wenn die Ursachen bei eigenen Misserfolgen durch einen selbst als nicht beeinflussbar angesehen werden und auch bei Erfolgen nicht klar der eigene Einfluss erkannt wird. Somit kann es auch sinnvoll sein, zu Beginn die aktuellen Ursachenerklärungen Ihrer Lernenden zu erforschen. Im Folgenden finden Sie ebenfalls Materialien, die Ihnen helfen, die aktuellen Attributionsmuster Ihrer Lernenden zu erkunden und zu verstehen. Eine Übersicht über die Inhalte der in diesem Kapitel gesammelten Übungen finden Sie in Tab. 4.1.

Insgesamt können die in diesem Kapitel aufgeführten Übungen gut mit allen weiteren Reattributionsübungen kombiniert werden, die in diesem Band beschrieben sind. Durch die Anwendung der Arbeitsblätter in diesem Kapitel kann die Effektivität der Reattributionsübungen erhöht und die Zusammenarbeit zwischen Ihnen und Ihren Lernenden verbessert werden.

## 4.1 · Leitfragen für die Zielformulierung

**Tab. 4.1** Ziele/Inhalte der Materialien „Bevor es los geht: Sinnvolle Überlegungen":

| Material | Ziel/Inhalt des Materials |
|---|---|
| Leitfragen für die Zielformulierung (Abschn. 4.1) | → Mit Lernenden Ziele für die Durchführung von Reattributionsübungen vereinbaren |
| Die eigenen typischen Ursachenerklärungen erkunden (Abschn. 4.2) | → Herausfinden, ob Lernende günstige oder ungünstige Attributionen tätigen |
| Die eigenen typischen Ursachenerklärungen kennenlernen und andere plausible Ursachenerklärungen erkunden (Abschn. 4.3) | → Herausfinden, welche typische Attributionen Sie als Lehrkraft machen und überlegen, welche weiteren Ursachenerklärungen in Frage kommen |

## 4.1 Leitfragen für die Zielformulierung

### 4.1.1 Steckbrief: Leitfragen für die Zielformulierung

- **Ziel**

Die nachfolgenden Leitfragen sollen Sie unterstützen, gemeinsam mit Ihren Lernenden ein Ziel oder mehrere Ziele für die Durchführung von Reattributionsübungen zu vereinbaren. So wird es möglich, eine gemeinsame, auf diese Ziele ausgerichtete Vorgehensweise zur Durchführung von Reattributionsübungen festzulegen. Zudem kann nach Durchführung einzelner bzw. aller von Ihnen ausgewählten Übungen mithilfe der Ziele beurteilt werden, inwiefern die Übungen hilfreich bzw. erfolgreich waren und ggf. daran anknüpfend die weitere Vorgehensweise angepasst werden.

- **Vorüberlegungen zum Einsatz der Methode**

Die Leitfragen lassen sich sowohl in einem Vier-Augen-Gespräch mit einzelnen Lernenden als auch mit einer größeren Gruppe an Lernenden anwenden. Die Abklärung der Ziele macht insbesondere dann Sinn, wenn Lernende gezielt mittels Übungen in ihrer Motivation gefördert werden sollen, welche die Mitarbeit und die Freiwilligkeit der Teilnahme der Lernenden voraussetzen. Es ist hilfreich, wenn Sie sich als Lehrkraft zuvor individuell Gedanken darüber machen, wo Sie Probleme bei Ihren Lernenden sehen und welche realistischen und erreichbaren Ziele Sie anstreben.

- **Zielgruppe**

Die Anwendung dieser Leitfragen ist insbesondere bei älteren Schüler*innen sowie bei Studierenden sinnvoll.

- **Hinweise zur Durchführung**

Die aufgeführten Leitfragen dienen lediglich als Einstieg in ein Gespräch, um die relevanten Punkte leichter zu erreichen. Es ist sinnvoll, die Leitfragen in einem Dialog zu beantworten und sie nicht starr nacheinander abzuarbeiten. Nicht alle Leitfragen eignen sich für jeden Kontext, weswegen Sie diejenigen auswählen sollten, die für Ihre Situation passend sind. Fragen Sie spezifisch nach, wenn Ihnen noch Informationen fehlen, um die Wünsche Ihrer Lernenden genau zu verstehen. Nach dem Gespräch sollten Sie ein klares Bild haben, wozu Ihre Lernenden bereit sind und was ihre gemeinsamen Ziele sind. Halten Sie gemeinsam mit Ihren Lernenden das Ziel bzw. die Ziele schriftlich fest.

- **Varianten**

Die beantworteten Leitfragen können auch verwendet werden, um eine Zwischenbilanz zu ziehen oder Rückschau zu halten. Wie nah sind die Lernenden ihren Zielen bereits gekommen? Was könnte noch verbessert werden? Hat sich etwas an den Rahmenbedingungen verändert, das berücksichtigt werden sollte? Haben sich Ziele verändert oder passen sie noch?

- **Nutzen**

Sie als Lehrkraft treten mit Ihren Lernenden in einen Dialog und können so feststellen, inwieweit Ihre Lernenden bereit sind, sich auf Übungen einzulassen, die ihnen dabei helfen, ihre Motivation zu verbessern. Durch die Einigung auf ein gemeinsames Ziel wird die Verbindlichkeit erhöht und die Wahrscheinlichkeit steigt, dass die Übungen auch Erfolg haben. Zudem wird so ermöglicht, während und nach Abschluss der Übungen gemeinsam das Erreichte zu bewerten und ggf. weitere nötige Schritte zu veranlassen.

## 4.1.2 Arbeitsblatt: Leitfragen für die Zielformulierung

Mithilfe der folgenden Leitfragen soll es Ihnen gelingen, gemeinsam mit Ihren Lernenden ein Ziel oder mehrere Ziele festzulegen, an dem oder an denen mittels Reattributionsübungen gearbeitet werden soll. Leitfragen für ein Gespräch zur Zielklärung können sein:

- Was ist der Anlass für das Gespräch?
  - Warum sollen genau jetzt Übungen zur Veränderung von Ursachenerklärungen durchgeführt werden?
  - Gibt es eine bestimmte auslösende Situation?
- Was ist das konkrete Ziel?
  - In welchen Situationen wird ungünstig attribuiert?
  - Auf welchen Dimensionen (Lokation, Stabilität, Kontrollierbarkeit, Globalität) liegen ungünstige Attributionen vor? Auf welchen Dimensionen liegt somit der Fokus bei der Reattribution?
- Relevante Fragen insbesondere bei einem Vier-Augen-Gespräch mit Lernenden, bei denen ungünstige Attributionen festgestellt wurden:
  - War das Verhalten, um das es geht, schon immer problematisch?
  - Falls nein: Wann hat es schlechter und wann besser funktioniert? Was war in den Situationen anders als es besser funktioniert hat?
- Wenn die Maßnahmen zur Motivationsförderung so gut wirken wie sie nur können – wie genau würde sich das dann in Zukunft zeigen?
  - Woran würden die betreffenden Lernenden eine Veränderung bemerken?
  - Woran würden Außenstehende, z. B. andere Lernende oder Lehrkräfte, eine Veränderung bemerken?
  - Beispiele: erhöhte Motivation, mehr freiwillige Lernanstrengungen, positivere Emotionen nach einem Erfolg, Erfolgserwartungen, bessere Leistungen
- Was sind die äußeren Rahmenbedingungen, die berücksichtigt oder gezielt hergestellt werden müssen, damit die Reattributionsübungen maximal erfolgreich sind?
  - Beispiele: Lernbelastung, zeitliche und räumliche Kapazitäten, Umgang miteinander, Absprachen im Vorfeld
- Ist das gesetzte Ziel realistisch?
  - Sind die angestrebten, günstigen Attributionen realistisch für die betreffenden Lernenden in den entsprechenden Situationen?
  - Können die Lernenden durch die gewonnene Motivation in Folge der veränderten Attributionen tatsächlich eine bessere Leistung erzielen?
- Wie lange soll (voraussichtlich) gemeinsam an der Motivationsförderung gearbeitet werden? Bis wann soll das Ziel (voraussichtlich) erreicht werden?

Halten Sie am Ende des Gesprächs das gemeinsame Ziel schriftlich mit einem **Zielzustand** und einem **zeitlichen Horizont** fest.

Gemeinsam möchten wir:

_____

_____

## 4.2 Die eigenen typischen Ursachenerklärungen erkunden

### 4.2.1 Steckbrief: Die eigenen typischen Ursachenerklärungen erkunden

- **Ziel**

Die nachfolgende Übung dient dazu, für eine bestimmte Misserfolgssituation herauszufinden wie ein*e Lernende*r attribuiert. Auf diese Weise kann festgestellt werden, ob die derzeitigen Attributionen unter Umständen ungünstig und wenig motivationsförderlich sind. Die Übung dient dann als Ansatzpunkt, die verschiedenen Dimensionen von Attributionen genauer kennenzulernen.

- **Vorüberlegungen zum Einsatz der Methode**

Die Übung eignet sich besonders für die Arbeit mit einzelnen Lernenden.

- **Zielgruppe**

Die Übung ist vor allem für ältere Schüler*innen sowie für Studierende geeignet. Bei jüngeren Schüler*innen kann die Übung unter Umständen von Ihnen selbst ausgefüllt werden, um einen Eindruck des Attributionsstils der Schüler*innen zu erhalten.

- **Hinweise zur Durchführung**

Ausgangspunkt sollte eine möglichst markant erinnerte Misserfolgssituation sein, zum Beispiel eine schlechte Leistung in der letzten Klausur. Für eine konkrete Situation soll die*der Lernende eine Ursache benennen. Die Ursachenerklärung schätzt sie*er dann auf den Dimensionen Lokation, Stabilität, Kontrollierbarkeit und Globalität ein – wenn erwünscht gerne mit Ihrer Hilfe. Mithilfe eines Auswertungsschlüssels können die Antworten den Dimensionen zugeordnet und so ein Profil erstellt werden. Sie sollten im Anschluss an die Profilerstellung die Ergebnisse gemeinsam besprechen. Nutzen Sie hierzu die Interpretationshilfe unter der Auswertung. Zudem können die Arbeitsblätter zur Psychoedukation (Kap. 5) hilfreich sein, um ausgehend von dieser Übung die Dimensionen von Attributionen kennenzulernen.

- **Varianten**

Die Übung kann nach Durchführung von Reattributionsübungen auch als Erfolgs- bzw. Wirksamkeitskontrolle der Reattributionsübungen verwendet werden.

- **Nutzen**

Sie und auch Ihr*e Lernende*r gewinnen einen Einblick, wie stark Ihr*e Lernende*r eine markante Situation auf externale, zeitlich stabile, unkontrollierbare und globale Faktoren zurückführt.

4.2 · Die eigenen typischen Ursachenerklärungen erkunden

## 4.2.2 Arbeitsblatt: Die eigenen typischen Ursachenerklärungen erkunden

Erinnere Dich an eine für Dich bedeutsame Situation, deren Ausgang für Dich nicht zufriedenstellend war bzw. Dich enttäuscht oder mitgenommen hat.

Gebe dieser Situation eine möglichst kurze und charakteristische Überschrift:

_____

Denke nun über die Ursache(n) nach, die Du für dieses negative Ereignis gefunden hast. Schreibe die gefundene(n) Ursache(n) hier auf:

_____

_____

Die auf der nächsten Seite aufgelisteten Fragen drehen sich um Deine Eindrücke oder Meinungen über diese Ursache(n) Deines Misserfolgs. Die Aussagen auf der linken und rechten Seite stellen die sich entgegengesetzten Ausprägungen einer Kategorie dar, auf der Du deine Ursache einordnen kannst. Die Zahlen dazwischen sind Abstufungen von einem Endpunkt zum anderen Endpunkt der Kategorie. Umkreise bei jeder Frage die Zahl, die Deiner Einschätzung am besten entspricht. Hast Du mehrere Ursachen gefunden, dann wähle einfach diejenige Ursache aus, die Du am wichtigsten findest.

## Fragebogen

Ist die Ursache etwas,…

| | | | | | | | | | | |
|---|---|---|---|---|---|---|---|---|---|---|
| das nur in dieser Situation wirkt | 9 | 8 | 7 | 6 | 5 | 4 | 3 | 2 | 1 | das auch in anderen Situationen wirkt |
| das einen Aspekt Deiner Person widerspiegelt | 9 | 8 | 7 | 6 | 5 | 4 | 3 | 2 | 1 | das einen Aspekt der Situation widerspiegelt |
| das steuerbar ist | 9 | 8 | 7 | 6 | 5 | 4 | 3 | 2 | 1 | das nicht steuerbar ist |
| das vorübergehend ist | 9 | 8 | 7 | 6 | 5 | 4 | 3 | 2 | 1 | das dauerhaft ist |
| das man regulieren kann | 9 | 8 | 7 | 6 | 5 | 4 | 3 | 2 | 1 | das man nicht regulieren kann |
| das sich nicht auf andere Situationen übertragen lässt | 9 | 8 | 7 | 6 | 5 | 4 | 3 | 2 | 1 | das sich auf andere Situationen übertragen lässt |
| worüber man Kontrolle hat | 9 | 8 | 7 | 6 | 5 | 4 | 3 | 2 | 1 | worüber man keine Kontrolle hat |
| das Deine Person betrifft | 9 | 8 | 7 | 6 | 5 | 4 | 3 | 2 | 1 | das nicht Deine Person betrifft |
| das zeitlich variabel ist | 9 | 8 | 7 | 6 | 5 | 4 | 3 | 2 | 1 | das zeitlich stabil ist |
| das innerhalb von Dir liegt | 9 | 8 | 7 | 6 | 5 | 4 | 3 | 2 | 1 | das außerhalb von Dir liegt |
| das veränderbar ist | 9 | 8 | 7 | 6 | 5 | 4 | 3 | 2 | 1 | das nicht veränderbar ist |
| das nur dieses Ereignis beeinflusst | 9 | 8 | 7 | 6 | 5 | 4 | 3 | 2 | 1 | das viele Ereignisse beeinflusst |

## 4.2 · Die eigenen typischen Ursachenerklärungen erkunden

### Auswertung

Bitte übertragen Sie die angekreuzten Werte in diese Tabelle.

Ist die Ursache etwas, ...

| | | | | | | | | | |
|---|---|---|---|---|---|---|---|---|---|
| das nur in dieser Situation wirkt | 9 | 8 | 7 | 6 | 5 | 4 | 3 | 2 | 1 | das auch in anderen Situationen wirkt |
| das einen Aspekt Deiner Person widerspiegelt | 9 | 8 | 7 | 6 | 5 | 4 | 3 | 2 | 1 | das einen Aspekt der Situation widerspiegelt |
| das steuerbar ist | 9 | 8 | 7 | 6 | 5 | 4 | 3 | 2 | 1 | das nicht steuerbar ist |
| das vorübergehend ist | 9 | 8 | 7 | 6 | 5 | 4 | 3 | 2 | 1 | das dauerhaft ist |
| das man regulieren kann | 9 | 8 | 7 | 6 | 5 | 4 | 3 | 2 | 1 | das man nicht regulieren kann |
| das sich nicht auf andere Situationen übertragen lässt | 9 | 8 | 7 | 6 | 5 | 4 | 3 | 2 | 1 | das sich auf andere Situationen übertragen lässt |
| worüber man Kontrolle hat | 9 | 8 | 7 | 6 | 5 | 4 | 3 | 2 | 1 | worüber man keine Kontrolle hat |
| das Deine Person betrifft | 9 | 8 | 7 | 6 | 5 | 4 | 3 | 2 | 1 | das nicht Deine Person betrifft |
| das zeitlich variabel ist | 9 | 8 | 7 | 6 | 5 | 4 | 3 | 2 | 1 | das zeitlich stabil ist |
| das innerhalb von Dir liegt | 9 | 8 | 7 | 6 | 5 | 4 | 3 | 2 | 1 | das außerhalb von Dir liegt |
| das veränderbar ist | 9 | 8 | 7 | 6 | 5 | 4 | 3 | 2 | 1 | das nicht veränderbar ist |
| das nur dieses Ereignis beeinflusst | 9 | 8 | 7 | 6 | 5 | 4 | 3 | 2 | 1 | das viele Ereignisse beeinflusst |

Addieren Sie alle Werte mit dem gleichen Symbol und tragen die jeweilige Summe in die passenden Felder ein. Den Wert können Sie dann auf der Skala auf der nächsten Seite markieren und damit eine Einschätzung über die Ausprägung der jeweiligen Dimension erhalten.

| Lokation | Stabilität | Kontrollierbarkeit | Globalität |
|---|---|---|---|
| Summe: _____ | Summe: _____ | Summe: _____ | Summe: _____ |

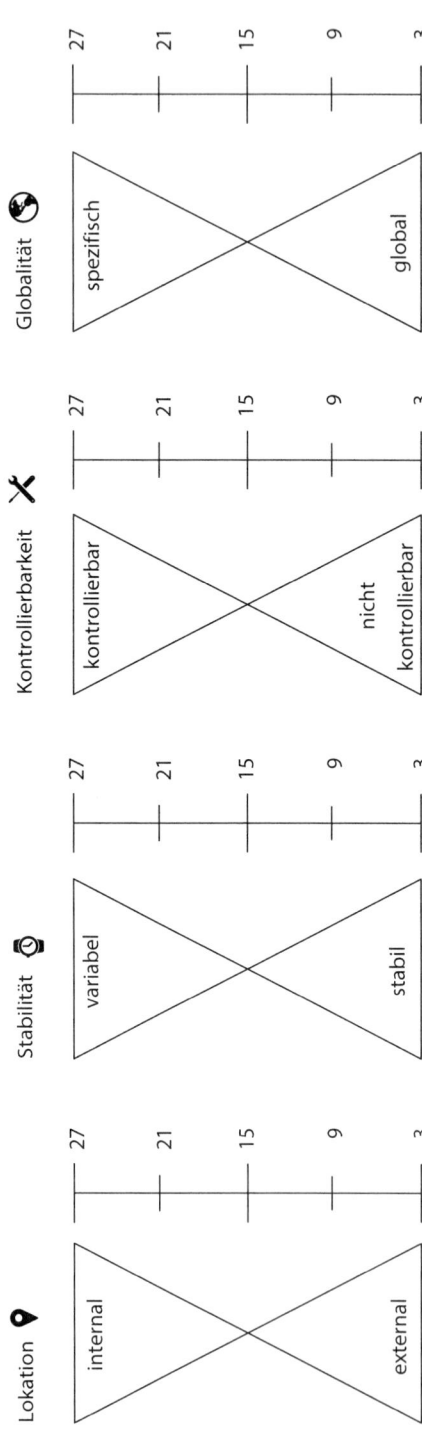

## Interpretationshilfe

Betrachten Sie nun die eingetragenen Ausprägungen der einzelnen Dimensionen. Bei allen vier Bereichen sind hohe Werte eher als günstige Attributionen im Fall von Misserfolg zu bewerten. Personen mit solchen Attributionsmustern haben trotz eines Misserfolgs die Motivation weiterzumachen und sehen sich selbst in der Lage, etwas an ihrer Leistung zu verändern. Ihren Misserfolg sehen sie nicht als wiederkehrendes Phänomen an, sondern sie können die Situation ausmachen, die spezifisch für den Misserfolg war. Niedrige Werte deuten auf ungünstige Attributionen im Fall von Misserfolg hin. Personen mit solche Ursachenerklärungen sind eher der Meinung, dass sie bei der nächsten Situation wieder einen Misserfolg erleiden werden. Sie sehen sich nicht in der Lage, ihre Leistung zu verändern.

Es ist wahrscheinlich, dass sich nicht alle Kreuze entweder im oberen oder im unteren Bereich befinden. Ausprägungen im oberen Bereich stellen besondere Ressourcen und Stärken dar, die helfen können, Misserfolge gut zu bewältigen. Ausprägungen im unteren Bereich zeigen hingegen Entwicklungspotenziale und kennzeichnen Bereiche, in denen es angezeigt ist, Attributionen in eine günstigere Richtung zu verändern. Dabei können die Techniken und Materialien im weiteren Verlauf dieses Buchs helfen.

## 4.3 Die eigenen typischen Ursachenerklärungen kennenlernen und andere plausible Ursachenerklärungen erkunden

### 4.3.1 Steckbrief: Die eigenen typischen Ursachenerklärungen kennenlernen und andere plausible Ursachenerklärungen erkunden

- **Ziel**

Als Lehrkraft sind Sie oft mit Erfolgen und Misserfolgen Ihrer Lernenden konfrontiert. Gerade nach Situationen, in denen etwas anders verlaufen ist als erwartet oder erhofft, zum Beispiel nach einem Misserfolg bei der Bearbeitung einer Aufgabe, suchen Personen nach möglichen Ursachen für die unerwarteten oder unerwünschten Ergebnisse. Welche Ursachenerklärungen Personen vornehmen, kann über verschiedene Situationen hinweg erstaunlich stabil sein. Die Tendenz, in verschiedenen Situationen ähnliche Attributionen zu bevorzugen, wird als *Attributionsstil* bezeichnet. Die folgende Übung hilft Ihnen, Ihren eigenen typischen Attributionsstil zu erkunden sowie über andere plausible Ursachenerklärungen nachzudenken.

- **Vorüberlegungen zum Einsatz der Methode**

Sie sollten die Übung idealerweise selbst ausführen, bevor sie Übungen zur Veränderung der Ursachenerklärungen bei Ihren Lernenden durchführen.

- **Zielgruppe**

Diese Übung ist für Lehrkräfte.

- **Hinweise zur Durchführung**

Nehmen Sie sich für die Übung Zeit, und sorgen Sie für eine störungsfreie Umgebung. Versuchen Sie sich voll und ganz auf die Übung einzulassen und sich so gut wie möglich in die beschriebene Situation hineinzuversetzen.

- **Varianten**

Diese Übung kann auch mit Lernenden durchgeführt werden. Ein dazu passendes Arbeitsblatt findet sich in Abschn. 5.2.4.

- **Nutzen**

Die Übung illustriert, dass auch Sie als Lehrkraft nach einem Misserfolg Ihrer Lernenden ganz unterschiedliche Erklärungen dafür haben können, wie der Misserfolg zustande kam. Jedoch kann es über verschiedene Situationen hinweg erstaunlich stabil sein, welche Ursachenerklärungen tatsächlich durch eine Person vorgenommen werden. Es ist sehr hilfreich, diesen eigenen Attributionsstil zu kennen. Die Art, wie Sie die Erfolge und Misserfolge Ihrer Lernenden gedanklich einordnen, hat möglicherweise Einfluss auf Ihren Umgang mit den Lernenden. Stellen Sie sich beispielsweise eine Lernende vor, die schlechte Leistungen in Mathematik zeigt. Wenn Sie der Ansicht sind, dass diese Lernende eine hohe mathematische Begabung besitzt und nur deswegen schlechte Leistungen zeigt, weil sie faul ist, sind Sie wahrscheinlich motiviert, diese Lernende dabei zu unterstützen, mehr Energie in die Vorbereitung einer Klausur zu stecken. Wenn Sie hingegen der Meinung sind, dass dieser Lernenden einfach die Fähigkeiten dazu fehlen, eine gute Klausur zu schreiben, wird Ihre Motivation dazu eher gering sein. Vor allem aber illustriert die Übung auch, dass es nach einem Misserfolg auch andere plausible Ursachenerklärungen geben kann als die, die Ihnen zunächst in den Sinn kommen. Dies zu erkennen, ist ein wichtiger Ausgangspunkt für die Anwendung von Reattributionsübungen bei Ihren Lernenden, da es Ihnen hilft, sich in Ihre Lernenden und deren gedanklichen Prozesse hineinzuversetzen.

## 4.3.2 Arbeitsblatt: Die eigenen typischen Ursachenerklärungen kennenlernen und andere plausible Ursachenerklärungen erkunden

① Stellen Sie sich folgende Situation vor:
Ihre Lernenden schreiben eine sehr wichtige Klausur. Leider bleibt die erhoffte Leistung bei einigen Lernenden aus, sie schneiden schlechter ab als erwartet. Entsprechend sind Ihre Lernenden – genau wie Sie – sehr enttäuscht.
② Bitte überlegen Sie, was Sie in solchen Situationen typischerweise denken, was die hauptsächlichen Ursachen für einen solchen Misserfolg sind. Bitte wählen Sie aus einer Menge an vielen denkbaren Ursachen diejenige aus, die Sie für die wichtigste bzw. typischste Ursache halten.

Bitte notieren Sie diese Ursache mit einem Stichwort:

_____

③ Bitte denken Sie nun einen Moment lang über diese Hauptursache nach und beantworten Sie die folgenden Fragen.

Liegt diese Ursache innerhalb oder außerhalb der Lernenden?

innerhalb der Person ☐ ☐ ☐ ☐ ☐ außerhalb der Person

Wie stabil ist diese Ursache über die Zeit? Tritt diese Ursache nur zu einem bestimmten Zeitpunkt auf oder dauert sie vermutlich länger an?

zeitlich variabel ☐ ☐ ☐ ☐ ☐ zeitlich stabil

Ist diese Ursache kontrollierbar? Kann irgendjemand auf diese Ursache Einfluss nehmen?

kontrollierbar ☐ ☐ ☐ ☐ ☐ nicht kontrollierbar

Besteht die Ursache über verschiedene Situationen und Kontexte hinweg (global) oder bezieht sich die Ursache auf eine konkrete Situation oder einen konkreten Kontext (spezifisch)?

spezifisch ☐ ☐ ☐ ☐ ☐ global

## 4.3 · Die eigenen typischen Ursachenerklärungen ...

④ Bitte denken Sie nun darüber nach, ob es in dieser Situation auch andere plausible Ursachen für den Misserfolg geben könnte:

Welche Ursachen könnten etwas mit Ihnen als Lehrkraft zu tun haben?

_____

_____

Welche Ursachen könnten nur von kurzer zeitlicher Dauer bzw. veränderbar sein?

_____

_____

Welche Ursachen sind kontrollierbar durch Sie, durch die Lernenden oder auch durch andere dritte Personen?

_____

_____

Welche (spezifischen) Ursachen beziehen sich nur auf eine konkrete Situation oder einen Kontext?

_____

_____

⑤ Die Übung illustriert, dass Sie als Lehrkraft typische Ursachen für einen Misserfolg verantwortlich machen, einem Misserfolg aber grundsätzlich sehr vielfältige andere Ursachen zu Grunde liegen können. Diese vielfältigen Ursachen unterscheiden sich hinsichtlich ihrer Lokation innerhalb oder außerhalb der Person, ihrer Stabilität über die Zeit, ihrer Kontrollierbarkeit und ihrer Globalität. Für Ihren Umgang mit Lernenden macht es einen Unterschied, ob Sie die Ursachen für Misserfolge für innerhalb oder außerhalb der Lernenden liegend, zeitlich variabel oder zeitlich stabil, für kontrollierbar oder nicht kontrollierbar und für global oder spezifisch halten. Sehen Sie beispielsweise nach Misserfolgen Ihrer Lernenden auch eine für Sie kontrollierbare Ursache (wie eine zu schwer gestellte Klausurfrage) als eine mögliche Ursache für das schlechte Gelingen an, haben Sie einen unmittelbaren Ansatzpunkt für eine Veränderung.

# Über Attributionen informieren: Psychoedukation

## Inhaltsverzeichnis

**5.1 Leitfaden zur Erläuterung von Attributionen – 66**
5.1.1 Steckbrief: Leitfaden zur Erläuterung von Attributionen – 66
5.1.2 Arbeitsblatt: Leitfaden zur Erläuterung von Attributionen – 67

**5.2 Kennenlernen der Dimensionen von Ursachenerklärungen – 69**
5.2.1 Steckbrief: Kennenlernen der Dimensionen von Ursachenerklärungen – 69
5.2.2 Arbeitsblatt Teil A: Vorstellung der Dimensionen – Leitfaden für die Lehrkraft – 70
5.2.3 Arbeitsblatt Teil B: Zuordnung der Ursachen zu den Dimensionen – Leitfaden für die Lehrkraft – 73
5.2.4 Arbeitsblatt Teil C: Selbstreflexion – Wie ordne ich Ursachen ein? – 75

**Ergänzende Information** Die elektronische Version dieses Kapitels enthält Zusatzmaterial, das berechtigten Benutzern zur Verfügung steht. https://doi.org/10.1007/978-3-658-32516-9_5

© Springer Fachmedien Wiesbaden GmbH, ein Teil von Springer Nature 2021
M. E. Badewitz et al., *Schüler\*innen und Studierende motivieren*,
https://doi.org/10.1007/978-3-658-32516-9_5

| | | |
|---|---|---|
| **5.3** | | **Leitfaden zu den Auswirkungen unterschiedlicher Attributionen auf Erleben und Verhalten – 77** |
| | 5.3.1 | Steckbrief: Leitfaden zu den Auswirkungen unterschiedlicher Attributionen auf Erleben und Verhalten – 77 |
| | 5.3.2 | Arbeitsblatt: Leitfaden zu den Auswirkungen unterschiedlicher Attributionen auf Erleben und Verhalten – 78 |
| | 5.3.3 | Arbeitsblatt: Handout Ursachenerklärungen – 83 |
| **5.4** | | **Definition, Dimensionen und Auswirkungen von Attributionen effektiv zusammengefasst – 85** |
| | 5.4.1 | Steckbrief: Definition, Dimensionen und Auswirkungen von Attributionen effektiv zusammengefasst – 85 |
| | 5.4.2 | Arbeitsblatt: Definition, Dimensionen und Auswirkungen von Attributionen effektiv zusammengefasst – 85 |

# Über Attributionen informieren: Psychoedukation

Bestimmte Techniken der Veränderung von Attributionen setzen vor ihrer Anwendung voraus, dass die beteiligten Lernenden wissen, was Attributionen sind und wie sich diese auf ihr Erleben und Verhalten auswirken können. Das Vermitteln dieses Wissens wird als „Psychoedukation" bezeichnet, da die Lernenden bezüglich psychologischer Konzepte, hier das der Attributionen, aufgeklärt werden. Die im Rahmen der Psychoedukation gegebenen Informationen bilden die Grundlage, um sich mit den Lernenden nachfolgend besser über Attributionen austauschen zu können. Außerdem erhalten die beteiligten Lernenden eine bessere Einsicht in die nachfolgend ergriffenen Maßnahmen zur Motivationsförderung. Motivationsförderung durch die Veränderung von Attributionen erscheint so für die beteiligten Lernenden nicht mehr als ein undurchschaubarer Prozess, sondern als eine sinnvolle Maßnahme, dessen Wirkung sie verstehen. Schließlich stellt ein besseres Verständnis von Attributionen, ihrer Dimensionen und ihrer Auswirkungen oft auch schon den ersten Schritt zu einer günstigeren Attribution dar. Lernende werden aufmerksamer bezüglich ihres typischen Attributionsstils und können ungünstige Attributionen besser vermeiden. Somit stellt die Psychoedukation die Basis für die nachfolgend geplanten Veränderungen dar und regt selbstständiges Nach- und Umdenken an.

Der Materialteil zur Psychoedukation beinhaltet vier Arbeitsblätter. Eine Übersicht über diese Arbeitsblätter finden Sie in Tab. 5.1. Die Arbeitsblätter 1 bis 3 beschäftigen sich ausführlicher mit der Thematik und eignen sich insbesondere dann, wenn Sie etwas mehr Zeit zur Verfügung haben (z. B. an Projekttagen) und sich Ihre Lernenden darauf einstellen können, dass ein Gespräch über Attributionen stattfinden wird. Ist dies der Fall, dann empfiehlt es sich, *alle drei* Arbeitsblätter in der empfohlenen Reihenfolge (1., 2., 3.) zu bearbeiten. So werden alle wichtigen Aspekte der Attributionen erläutert und sind für die Lernenden verständlich. Das vierte Arbeitsblatt eignet sich besonders gut, wenn nur wenig Zeit zur Verfügung steht und eine sehr komprimierte Informationsvermittlung erfolgen

**Tab. 5.1** Ziele/Inhalte der Materialien „Über Attributionen informieren: Psychoedukation"

| Material | Ziel/Inhalt des Materials |
| --- | --- |
| Leitfaden zur Erläuterung von Attributionen (Abschn. 5.1) | → Lernende erfahren, was Attributionen sind |
| Kennenlernen der Dimensionen von Ursachenerklärungen (Abschn. 5.2) | → Lernende erfahren, welche Dimensionen Attributionen haben können und wie sie Ursachenerklärungen auf diesen Dimensionen einordnen können |
| Leitfaden zu den Auswirkungen unterschiedlicher Attributionen auf Erleben und Verhalten (Abschn. 5.3) | → Lernende erfahren, inwiefern sich verschiedene Attributionen auf das eigene Erleben und Verhalten auswirken und welche Attributionen günstig bzw. ungünstig sind |
| Definition, Dimensionen und Auswirkungen von Attributionen effektiv zusammengefasst (Abschn. 5.4) | → Lernende erfahren in Kurzform, was Attributionen sind, welche Dimensionen es gibt und wie sich Attributionen auswirken können |

soll. Es wird ein zusammenfassender Überblick über die Definition, die Dimensionen und die Auswirkungen von Attributionen vermittelt. Dieses Arbeitsblatt kann z. B. zu Beginn oder am Ende einer Unterrichtsstunde verwendet werden.

## 5.1 Leitfaden zur Erläuterung von Attributionen

### 5.1.1 Steckbrief: Leitfaden zur Erläuterung von Attributionen

- **Ziel**

Ziel des folgenden Leitfadens ist es, Ihren Lernenden nahe zu bringen, was Attributionen sind.

- **Vorüberlegungen zum Einsatz der Methode**

Über Attributionen kann sowohl im Unterricht mit der ganzen Klasse bzw. dem gesamten Kurs als auch in Einzelgesprächen informiert werden. Nach der Durchführung dieses Leitfadens ist es sinnvoll, mit dem zweiten Übungsblock (Abschn. 5.2) fortzufahren.

- **Zielgruppe**

Der Leitfaden ist für Schüler*innen ab der weiterführenden Schule und für Studierende geeignet.

- **Hinweise zur Durchführung**

Der folgende Leitfaden ist in mehrere Schritte unterteilt. Zunächst sollten Sie sich einen Überblick über alle Schritte verschaffen und diese dann in der vorgegebenen Reihenfolge durchführen. Bei einigen Schritten werden Formulierungsbeispiele angeführt. Diese können gerne genutzt werden. Sie können aber auch wie gewohnt sprechen und Beispiele aus Ihrer eigenen Erfahrung als Lehrkraft wählen. Dies wirkt in der Regel noch verständlicher und authentischer für die Lernenden.

Wichtig ist zudem, Lernende durch eigene Erfahrungsberichte miteinzubeziehen, um ein gutes Verständnis über Attributionen entstehen zu lassen. Zu diesem Zweck sollten die Lernenden eine Woche (der Zeitraum ist aber individuell je nach Situation anpassbar) darauf achten, welche Ursachen ihnen in den Sinn kommen, nachdem sie einen Misserfolg erlebt haben. Zu Beginn einer Unterrichtsstunde in der darauffolgenden Woche werden die Ursachen für Misserfolge zusammengetragen und sortiert. Wenn Sie nicht genügend Zeit haben, Ihren Lernenden den Arbeitsauftrag als Hausaufgabe aufzugeben, bietet es sich an, den Lernenden stattdessen bei der Besprechung selbst Zeit zu geben. Dann können sie in dieser Zeit über eigene erlebte Misserfolge nachdenken und mögliche Ursachen formulieren.

- **Varianten**

Eine Variante besteht darin, als Lehrkraft den Lernenden eigene Misserfolge aufzuzeigen und hierzu die Attributionen zu benennen. Dies kann dazu beitragen, dass sich gerade bei der Behandlung des Themas mit einer ganzen Klasse alle Lernenden trauen, eigene Attributionen zu schildern.

## 5.1 · Leitfaden zur Erläuterung von Attributionen

■ **Nutzen**

Das Erklären von Attributionen wird genutzt, um Lernende über das Thema zu informieren und sie zu befähigen, sich besser mit ihren eigenen Attributionen auseinanderzusetzen. Es legt die Grundlage dafür, sich besser mit den Lernenden über Attributionen austauschen zu können. Zudem erhalten die Lernenden eine bessere Einsicht in nachfolgende Übungen. Das langfristige Ziel soll somit ein Nach- und Umdenken sein, welches die Lernenden langfristig zu einer besseren Leistung führt.

### 5.1.2 Arbeitsblatt: Leitfaden zur Erläuterung von Attributionen

1. Eine Woche bevor Sie sich gemeinsam mit den Lernenden zum Thema *Attributionen* auseinandersetzen wollen, bitten Sie Ihre Lernenden in der kommenden Woche erlebte Misserfolge bewusst wahrzunehmen. Diese Misserfolge dürfen auch außerhalb des schulischen bzw. akademischen Kontexts liegen, z. B. beim Sport. Sie sollen sich notieren, auf welche Ursache(n) sie diesen Misserfolg zurückführen und diese Notizen in der kommenden Woche mitbringen. Um den Arbeitsauftrag für die Lernenden klarer zu machen, werden ein bis zwei Beispiele gegeben. Eine mögliche Formulierung des Arbeitsauftrages könnte folgendermaßen aussehen:

   > *Ich möchte in der nächsten Woche mit euch über etwas sprechen, das uns allen helfen kann, uns beim Lernen oder bei anderen alltäglichen Herausforderungen weiter zu verbessern. Dazu würde ich euch bitten, dass ihr bis nächste Woche bewusst auf kleine oder auch größere Misserfolge achtet, die ihr erlebt. Das kann eine Aufgabe im Unterricht sein, die ihr nicht lösen könnt, aber auch ein Misserfolg in anderen Situationen, z. B. eine Niederlage beim Sport oder bei einem Nebenjob. Wenn ihr einen Misserfolg erlebt, dann fragt euch: ‚Was ist die Ursache bzw. sind die Ursachen dafür? Wie konnte es zu diesem Misserfolg kommen?' Notiert euch diese Ursache bzw. Ursachen bitte auf einem Blatt und bringt dieses Blatt nächste Woche mit. Wenn ihr mehrere Misserfolge erlebt, notiert euch gerne für jeden dieser Misserfolge die Ursachen. Ein Beispiel für einen Misserfolg ist, dass ich eine Rechenaufgabe nicht lösen kann. Als Ursache könnte ich z. B. ansehen, dass ich bei der Bearbeitung sehr unkonzentriert war. Ich würde mir als Ursache also ‚Konzentrationsprobleme' aufschreiben. Habt ihr die Aufgabe verstanden?*

2. Nehmen Sie in der folgenden Woche Bezug zum Arbeitsauftrag, den Sie erteilt haben, und sammeln Sie alle Ursachen. Dies kann je nach Situation mündlich oder schriftlich erfolgen. Sammeln Sie die Ursachen als prägnante Stichworte an der Tafel.

3. In einem nächsten Schritt wird darauf eingegangen, was genau Attributionen sind. Dazu ist es wichtig, Ihren Lernenden aufzuzeigen, dass es sich um **die Zuschreibung von Ursachen zu Handlungen, Verhaltensweisen und Ereignissen** handelt. Attributionen sind gedankliche Überzeugungen, die Men-

schen über die Ursachen von Ereignissen bilden. Damit das Thema für die Lernenden greifbar wird, dienen nun die gesammelten Beispiele als Unterstützung für die Erklärung. Eine mögliche Formulierung dieser Erklärung könnte so aussehen:

> *Nachdem wir nun verschiedene Misserfolge und deren persönliche Ursachen gesammelt haben, möchte ich euch nun genauer erklären, was es mit dieser Ursachensuche auf sich hat. Wir haben jetzt gesehen, dass man für Misserfolge unterschiedliche Ursachen finden kann. Genau dieses Annehmen von Ursachen für ein bestimmtes Ereignis (in unserem Fall einen Misserfolg) wird ‚Ursachenerklärung' genannt. Ursachenerklärungen sind Zuschreibungen von Ursachen zu Handlungen, Verhaltensweisen und Ereignissen. Das heißt, wenn ihr in der letzten Klausur eine schlechte Note hattet, kann die mögliche Ursache, die ihr dafür findet, sein, dass ihr während der Klausur zu nervös wart. Ein anderes Beispiel wäre, dass ihr in einem Vokabeltest nicht eure sonst übliche Leistung erzielt habt. Ihr erklärt euch das damit, dass ihr vor dem Test versehentlich die Vokabeln des falschen Kapitels gelernt habt. Ursachenerklärungen sind also gedankliche Überzeugungen, die ihr über die Ursachen von Ereignissen bildet.*

4. Versichern Sie sich im Anschluss, ob verstanden wurde, was Attributionen sind und ob es noch Fragen gibt. Geben Sie einen Ausblick darauf, dass es einen Unterschied macht, welche Ursachen man für einen Misserfolg sieht. Je nachdem, welche Ursache man annimmt und wie man diese wahrnimmt, kann Motivation und Leistung gesteigert oder gesenkt werden. Dies wird anhand der weiteren folgenden Arbeitsblätter zur Psychoedukation näher betrachtet und erklärt.

> *Habt ihr alle verstanden, was Ursachenerklärungen sind? Oder habt ihr noch Fragen zu dem Thema? Wir haben heute gelernt, dass man unterschiedliche Ursachen für Misserfolge wahrnehmen kann. Je nachdem, welche Ursache ihr für einen Misserfolg wahrnehmt, kann sich das unterschiedlich auf eure Motivation und eure Leistung auswirken. Nehmen wir das Beispiel von vorhin: Nehmt an, dass ihr in einem Vokabeltest schlecht abgeschnitten habt, weil ihr die Vokabeln des falschen Kapitels gelernt hattet. In dem Fall ist zu erwarten, dass euch dieses Fauxpas beim nächsten Vokabeltest nicht noch einmal passiert. Ihr werdet daher vermutlich wieder motiviert sein für den nächsten Test zu lernen, da ihr davon ausgeht, dass sich diese Anstrengung lohnt. Im Gegensatz dazu könntet ihr aber auch denken, dass ihr bei dem Vokabeltest schlecht abgeschnitten habt, weil ihr davon überzeugt seid, einfach nicht gut auswendig lernen zu können – was zum Lernen der Vokabeln jedoch notwendig ist. In diesem Fall werdet ihr vor dem nächsten Vokabeltest vermutlich die gleiche Einstellung haben, nicht motiviert sein zu lernen und daher erneut einen schlechten Test schreiben. Welche Ursachenbeschreibungen genau günstig für eure Motivation und eure Leistung ist, werden wir nächste Stunde genauer besprechen.*

## 5.2 Kennenlernen der Dimensionen von Ursachenerklärungen

### 5.2.1 Steckbrief: Kennenlernen der Dimensionen von Ursachenerklärungen

- **Ziel**

Das Ziel der folgenden Übung ist es, Ihren Lernenden zu vermitteln, welche Dimensionen Attributionen haben können. Zudem erfahren Ihre Lernenden, wie Ursachenerklärungen auf den Dimensionen eingeordnet werden können.

- **Vorüberlegungen zum Einsatz der Methode**

Es ist notwendig, dass Ihre Lernenden bereits wissen, was Attributionen sind. Das erste Arbeitsblatt dieses Kapitels (Abschn. 5.1) sollte daher zuvor bearbeitet werden, gegebenenfalls auch in gekürzter Fassung. Nach der Durchführung der vorliegenden Übung (Abschn. 5.2) ist es sinnvoll mit dem dritten Arbeitsblatt dieses Kapitels (Abschn. 5.3) fortzufahren.

- **Zielgruppe**

Diese Übung ist für Schüler*innen ab der weiterführenden Schule sowie für Studierende geeignet.

- **Hinweise zur Durchführung**

Die Übung besteht aus drei Teilen:

Der Teil A „Vorstellung der Dimensionen" (Abschn. 5.2.2) umfasst eine Erklärung der Dimensionen von Attributionen. Diese werden in einem kleinen Vortrag durch Sie erläutert. Um diese Vorstellung zu erleichtern, finden Sie im Anschluss vier Vorlagen, eine zu jeder Dimension (→ „Teil A: Vorstellung der Dimensionen – Vorlage"). Die ausgedruckten Vorlagen können entweder an ein Whiteboard oder eine Tafel geheftet oder (bei Kreisarbeit) auf den Boden gelegt werden. Anschließend wird eine kurze Selbstreflexions-Übung durchgeführt.

Beim Teil B „Zuordnung der Ursachen zu den Dimensionen" (Abschn. 5.2.3) wird gemeinsam diskutiert, wie die einzelnen Ursachen aus dem einwöchigen Arbeitsauftrag jeweils auf den verschiedenen Dimensionen eingeordnet werden können. Dabei macht diejenige*derjenige Lernende den ersten Vorschlag, die*der diese Ursache bei ihrem*seinem eigenen Misserfolg wahrgenommen hat. Zur Bearbeitung dieses Teils benötigen Sie pro Lernenden, der ihre*seine Ursachenerklärungen vorstellen soll, vier Blanko-Kärtchen und Filzstifte, um diese zu beschriften. Es reicht, wenn circa vier Lernende ihre Ursachenerklärungen vorstellen. Wenn wenig Zeit zur Verfügung steht, kann Teil B übersprungen werden.

In Teil C mit dem Arbeitsblatt „Selbstreflexion – Wie ordne ich Ursachen ein?" (Abschn. 5.2.4) werden die Lernenden in Einzelarbeit aktiv. Drucken Sie das Arbeitsblatt für jeden Ihrer Lernenden aus. Mithilfe dieses Arbeitsblatts werden die Lernenden üben, Ursachen auf den vier Dimensionen einzuordnen.

- **Varianten**

keine

- **Nutzen**

Wenn die Lernenden Wissen über die Dimensionen von Attributionen erworben haben, fällt es ihnen leichter, ihre eigenen Ursachenerklärungen einzuordnen. Zudem erhalten sie ein tieferes Verständnis und bedeutende Ansatzpunkte für die nachfolgenden Maßnahmen zur Veränderung von Attributionen.

## 5.2.2 Arbeitsblatt Teil A: Vorstellung der Dimensionen – Leitfaden für die Lehrkraft

Zunächst soll den Lernenden erläutert werden, welche Dimensionen Attributionen haben. Dazu stellen Sie jeweils eine Dimension vor (z. B. Lokation) und hängen die dazugehörige Illustration (→ „Teil A: Vorstellung der Dimensionen – Vorlage") für alle deutlich sichtbar auf. Anschließend werden die möglichen Ausprägungen anhand eines Beispiels erklärt (z. B. innerhalb vs. außerhalb).

**Lokation**
Eine Ursache kann innerhalb oder außerhalb einer Person liegen.
Beispiel innerhalb: Erkrankung, zum Beispiel eine Erkältung
Beispiel außerhalb: Lärm von Bauarbeiten während einer Klausur

**Stabilität**
Eine Ursache kann zeitlich variabel oder zeitlich stabil sein.
Beispiel zeitlich variabel: Bus mit Verspätung am Tag einer Klausur
Beispiel zeitlich stabil: Lese-Rechtschreib-Schwäche

**Kontrollierbarkeit**
Eine Ursache kann für einen selbst oder andere kontrollierbar oder unkontrollierbar sein.
Beispiel kontrollierbar: geringe Anstrengung beim Lernen
Beispiel unkontrollierbar: Kopfschmerzen, die Lernen unmöglich machen

**Globalität**
Eine Ursache kann sich auf eine konkrete Situation oder Kontext beziehen (spezifisch) oder über verschiedene Situationen und Kontexte hinweg bestehen (global).
Beispiel spezifisch: Schwierigkeit einer bestimmten Aufgabe
Beispiel global: Prüfungsangst bei allen Arten von Prüfungen

## 5.2 · Kennenlernen der Dimensionen von Ursachenerklärungen

**Teil A: Vorstellung der Dimensionen – Vorlage**

**Lokation**
Eine Ursache kann innerhalb oder
außerhalb einer Person liegen

innerhalb der Person  außerhalb der Person
(z. B. Krankheit)  (z. B. Lärm)

**Teil A: Vorstellung der Dimensionen – Vorlage**

**Stabilität**
Eine Ursache kann zeitlich variabel oder
zeitlich stabil sein

zeitlich variabel  zeitlich stabil
(z. B. Busverspätung)  (z. B. Lese-Rechtschreib-
 Schwäche)

**Teil A: Vorstellung der Dimensionen – Vorlage**

**Kontrollierbarkeit**
Eine Ursache kann kontrollierbar oder
nicht kontrollierbar sein

kontrollierbar
(z. B. geringe Anstrengung)

nicht kontrollierbar
(z. B. Kopfschmerzen)

**Teil A: Vorstellung der Dimensionen – Vorlage**

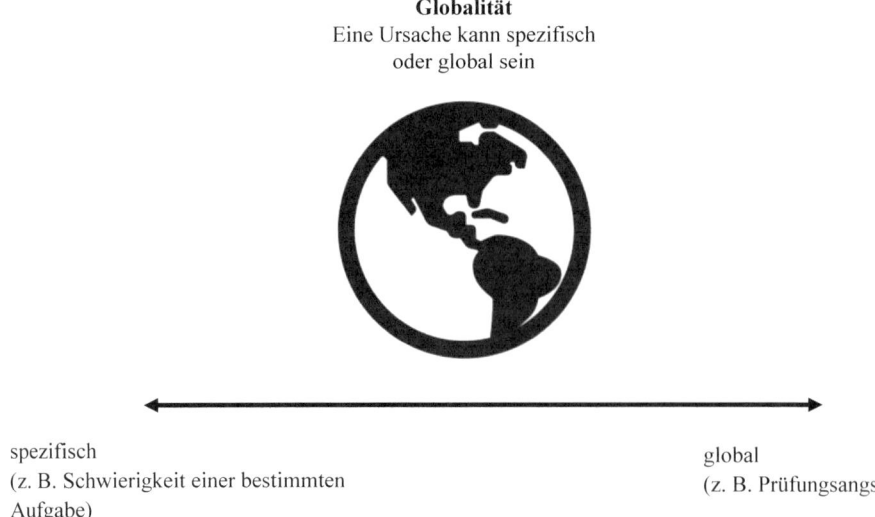

**Globalität**
Eine Ursache kann spezifisch
oder global sein

spezifisch
(z. B. Schwierigkeit einer bestimmten
Aufgabe)

global
(z. B. Prüfungsangst)

## 5.2.3 Arbeitsblatt Teil B: Zuordnung der Ursachen zu den Dimensionen – Leitfaden für die Lehrkraft

Nachdem die Dimensionen der Attributionen mit ihren möglichen Ausprägungen vorgestellt wurden, sollen nun die Ursachen, die die Lernenden während des einwöchigen Arbeitsauftrags (siehe Abschn. 5.1 „Leitfaden zur Erläuterung von Attributionen") notiert haben, zu diesen Dimensionen in Bezug gesetzt werden. Dazu werden folgende vier Schritte durchgeführt:

1. Jede Ursache wird mit einem schwarzen dicken Filzstift auf vier einzelne **Kärtchen geschrieben** (das heißt, wenn z. B. jemand die Ursache „Nervosität" notiert hat, werden nun vier Kärtchen mit dem Wort „Nervosität" beschrieben). Es reicht, wenn dies drei bis vier Lernende tun, die die Ursachen im Anschluss auch vor der gesamten Klasse vorstellen. Zudem sollten Sie selbst vier Karten mit einer möglichen Ursache für einen Misserfolg beschriften.

2. Bei der Zuordnung der Ursachen zu den Dimensionen wird mit einer Ursache angefangen. Am besten stellen Sie exemplarisch eine Ursache vor. Angenommen Sie haben die Ursache „Nervosität", dann betrachten Sie nun die erste **Dimension** (z. B. „Lokation") und legen das Kärtchen auf die Stelle des Verlaufs zwischen den möglichen Ausprägungen „innerhalb" und „außerhalb", an der Sie diese Ursache sehen. Nehmen Sie zum Beispiel an, dass „Nervosität" etwas ist, was eher innerhalb der Person liegt, platzieren Sie es eher auf der linken Seite. Nehmen Sie hingegen an, dass „Nervosität" etwas ist, was eher außerhalb der Person liegt, platzieren Sie es eher auf der rechten Seite. Sie können das Kärtchen an eine beliebige Stelle des Verlaufs legen, je nachdem, wie Sie die Ursache einordnen. In der Abbildung wird dies beispielhaft illustriert für die Annahme, dass Nervosität etwas eher innerhalb der Person liegendes ist. Es ist sinnvoll, das Kärtchen nicht stumm hinzulegen, sondern einen **Satz dazu zu sagen**: *„Für mich ist Nervosität etwas, das eher innerhalb meiner Person liegt"*. Anschließend wird die zweite Dimension betrachtet (z. B. „Stabilität") und ein zweites Kärtchen, auf dem auch „Nervosität" steht, wird auf den Verlauf zwischen dem Ausprägungsgrad „zeitlich stabil" und „zeitlich variabel" gelegt. So wird die Prozedur fortgeführt, bis die Ursache auf allen Dimensionen eingestuft ist. Möglicherweise tauchen Unstimmigkeiten auf, wie manche Ursachen einzuordnen sind. Hier ist es wichtig zu betonen, dass es **keine falschen oder richtigen** Zuordnungen gibt, sondern dass jede Person Ursachenfaktoren **subjektiv** anders wahrnimmt. Dementsprechend kann ein und dieselbe Ursache z. B. von einer Person als kontrollierbar und von einer anderen als unkontrollierbar wahrgenommen werden.

**Lokation**
Eine Ursache kann innerhalb oder
außerhalb einer Person liegen

innerhalb der Person (z.B. Krankheit) ←—— Nervosität ——→ außerhalb der Person (z.B. Lärm)

◘ Abbildung Beispielhafte Einordnung der Ursache „Nervosität" auf der Dimension Lokation

3. Anschließend werden die **Ursachen der Lernenden** herangezogen. Die Lernenden dürfen ihre Ursachen selbst auf den jeweiligen Dimensionen den möglichen Ausprägungen zuordnen. Da die Einschätzung, wie bestimmte Ursachenerklärungen zugeordnet werden können, wie zuvor erklärt subjektiv unterschiedlich sein kann, entscheidet jeweils die zuordnende Person selbst, wo sie eine Ursache sieht. Es ist nicht notwendig, dass alle Lernenden ihre Ursachen zuordnen. Es reicht, wenn drei bis vier exemplarische Beispiele durchgesprochen werden, da anschließend auf einem weiteren Arbeitsblatt (Teil C – „Selbstreflexion – Wie ordne ich Ursachen ein?") jede*r Lernende solch eine Zuordnung vornimmt.

4. Wenn einige Beispiele durchgesprochen sind, sollten noch **offene Fragen** geklärt werden. Anschließend folgt Teil C dieser Übung (Abschn. 5.2.4). Das Arbeitsblatt Teil C wird den Lernenden zur Bearbeitung ausgeteilt.

### 5.2.4 Arbeitsblatt Teil C: Selbstreflexion – Wie ordne ich Ursachen ein?

① Bitte erinnere Dich an einen Misserfolg, den Du vor kurzem erlebt hast. Zum Beispiel könnte dies ein Misserfolg in einer Klausur oder ein Misserfolg bei Hausaufgaben oder anderen Aufgaben außerhalb der Schule gewesen sein.

② Bitte überlege, was Du in dieser Situation gedacht hast, was die relevantesten Ursachen für diesen Misserfolg waren. Bitte wähle aus den Ursachen, die Dir in den Kopf kommen, **eine** Ursache aus, die für dich die wichtigste oder die typischste ist.

Notiere diese Ursache bitte mit einem Stichwort:

_____

③ Bitte denke einen Moment lang über diese Hauptursache nach und kreuze anschließend an, wie du diese Ursache einschätzt:

Ist die Ursache etwas, was mit Dir als Person zu tun hat, also innerhalb von Dir liegt, beispielsweise eigene Eigenschaften oder gezeigtes Verhalten von Dir oder ist die Ursache etwas, was mit Deiner Umgebung zu tun hat, also außerhalb von Dir selbst liegt?

innerhalb von mir ☐ ☐ ☐ ☐ ☐ ☐ außerhalb von mir

Wie stabil ist diese Ursache über die Zeit? Tritt diese Ursache nur zu einem bestimmten Zeitpunkt auf oder ist sie etwas, das vermutlich länger andauert?

zeitlich variabel ☐ ☐ ☐ ☐ ☐ ☐ zeitlich stabil

Ist diese Ursache kontrollierbar? Kann also irgendjemand auf diese Ursache Einfluss nehmen?

kontrollierbar ☐ ☐ ☐ ☐ ☐ ☐ nicht kontrollierbar

Bezieht sich die Ursache auf eine konkrete Situation oder Kontext (das heißt, sie ist spezifisch) oder besteht die Ursache über verschiedene Situationen und Kontexte hinweg (das heißt, sie ist global)?

spezifisch ☐ ☐ ☐ ☐ ☐ global

④ Denke nun darüber nach, ob es in dieser Situation auch eine andere plausible Ursache für den Misserfolg geben könnte:

Welche Ursachen könnte es geben, für die Du selbst verantwortlich bist?

_____

_____

Welche Ursachen könnte es dabei geben, die nur von kurzer zeitlicher Dauer bzw. veränderbar sind?

_____

_____

Welche Ursachen könnte es geben, die kontrollierbar durch Dich selbst oder aber auch durch andere wie Dein*e Lehrer*in oder Deine Mitschüler*innen sind?

_____

_____

Welche Ursachen könnte es geben, die sich nur auf eine konkrete Situation oder einen konkreten Kontext beziehen, also z. B. nur auf eine ganz bestimmte Klausur?

_____

_____

## 5.3 Leitfaden zu den Auswirkungen unterschiedlicher Attributionen auf Erleben und Verhalten

### 5.3.1 Steckbrief: Leitfaden zu den Auswirkungen unterschiedlicher Attributionen auf Erleben und Verhalten

- **Ziel**

Das Ziel dieser Übung ist es, Ihren Lernenden zu vermitteln, dass man selbst für unterschiedliche Misserfolge oft ähnliche Ursachen hinsichtlich ihrer Ausprägung auf den Dimensionen der Ursachenerklärungen findet (Attributionsstile). Diese Stile wirken sich auf das Erleben und Verhalten aus und können günstig oder ungünstig sein.

- **Vorüberlegungen zum Einsatz der Methode**

Es ist notwendig, dass Ihre Lernenden bereits wissen, was Attributionen sind und welche Dimensionen sie haben. Die erste Übung (Abschn. 5.1) und der zweite Übungsblock (Abschn. 5.2) dieses Kapitels sollten daher bereits bearbeitet worden sein.

- **Zielgruppe**

Diese Übung ist für Schüler*innen ab der weiterführenden Schule sowie für Studierende geeignet.

- **Hinweise zur Durchführung**

Um Ihnen das Erklären der Auswirkungen auf das Erleben und Verhalten zu erleichtern, ist auf diesem Arbeitsblatt ein Leitfaden mit allen wichtigen Aspekten zusammengestellt. Dabei wird am Anfang jedes Abschnitts stichpunktartig festgehalten, was erklärt werden soll und anschließend werden zur Orientierung Formulierungsbeispiele gegeben, die aber natürlich je nach Erfordernis abgewandelt werden können.

Zur Durchführung werden die Vorlagen „Muster für ungünstige Ursachenerklärungen" und „Muster für günstige Ursachenerklärungen" benötigt. Drucken Sie diese bitte für die Durchführung dieser Lerneinheit aus.

Nach Durchführung der Lerneinheit, wenn die Lernenden also bereits mit dem Konzept der Attribution und dessen Auswirkungen vertraut sind, können Sie die Druckvorlage *Muster für günstige Ursachenerklärungen* an eine Wand im Klassen- bzw. Seminarraum aufhängen. So haben die Lernenden eine Erinnerungshilfe, die die Wahrscheinlichkeit erhöhen kann, dass sie im Fall eines Misserfolgs auf das Gelernte zurückgreifen und ihre Attributionen bewusst reflektieren und gegebenenfalls verändern. Aus demselben Grund können Sie die Lernenden auch anweisen, eine einzelne Dimension, die sich für die*den Lernende*n als besonders problematisch herausstellt, aus der Druckvorlage *Muster für günstige Ursachenerklärungen* auszuschneiden und sich in ihr Federmäppchen zu stecken oder zu Hause an einem gut sichtbaren Platz zu platzieren. Auf der Druckvorlage können bei Bedarf auch noch passende Beispiele für die*den Lernenden für die beiden Pole der Dimension notiert werden.

Zudem finden Sie im Folgenden ein Handout (Abschn. 5.3.3), welches die Inhalte der drei Materialien „Leitfaden zur Erläuterung von Attributionen", (Abschn. 5.1) „Kennenlernen der Dimensionen von Ursachenerklärungen" (Abschn. 5.2) und „Leitfaden zu den Auswirkungen unterschiedlicher Attributionen auf Erleben und Verhalten" (Abschn. 5.3) zusammenfasst. Dieses können Sie nach Abschluss der Lerneinheit Ihren Lernenden austeilen.

- **Varianten**

keine

- **Nutzen**

Das Arbeitsblatt vermittelt Wissen über die Auswirkungen von Attributionen auf Erleben und Verhalten. Die Lernenden sind zukünftig in der Lage zu erkennen, ob ihr Attributionsstil für Misserfolge günstig oder ungünstig ist. Zudem lernen sie, wie sie ein Umdenken anregen können, um ihre Motivation und darauffolgend ihre Leistung zu erhöhen.

## 5.3.2 Arbeitsblatt: Leitfaden zu den Auswirkungen unterschiedlicher Attributionen auf Erleben und Verhalten

1. **Einleitung**
   - Geben Sie einen kurzen Überblick darüber, was bisher gelernt wurde

   » *Wir wissen jetzt, was Ursachenerklärungen sind und welche Dimensionen sie aufweisen. Auf dem Arbeitsblatt 'Teil C: Selbstreflexion – Wie ordne ich Ursachen ein?' habt ihr eine eigene persönlich empfundene Ursache für einen Misserfolg auf diesen Dimensionen eingeordnet. Was fangen wir jetzt damit an? Je nachdem, wie man eine Ursache einordnet, hat das unterschiedliche Auswirkungen auf unser Erleben und Verhalten.*

2. **Erläuterung günstiger und ungünstiger Ursachenerklärungen**
   Zur Erläuterung günstiger und ungünstiger Ursachenerklärungen bietet es sich an, die Druckvorlagen „Muster für ungünstige Ursachenerklärungen" und „Muster für günstige Ursachenerklärungen" zu nutzen. Die Druckvorlagen können entweder gut sichtbar für alle Personen aufgehängt oder einzeln ausgeteilt werden. Des Weiteren kann es Ihren Lernenden helfen, wenn Sie die verschiedenen Dimensionen sichtbar z. B. auf einem Flipchart notieren. So können Ihnen die Lernenden während der Erklärungen besser folgen.
   - Erklären Sie, was ungünstige Ursachenerklärungen sind.
   - Erklären Sie, was günstige Ursachenerklärungen sind.
   - Klären Sie aufkommende Fragen.

   » *Wir schauen uns nun an, was eher günstige und was eher ungünstige Ursachenerklärungen sind.*

## 5.3 · Leitfaden zu den Auswirkungen unterschiedlicher ...

*Bei ungünstigen Ursachenerklärungen hat man nach einem Misserfolg das Gefühl, dass die Ursache an anderen Personen/Umständen liegt (= außerhalb der eigenen Person), dass sie von längerer zeitlicher Dauer ist (= zeitlich stabil), dass sie nicht von einem selbst oder jemand anderem kontrollierbar ist (= unkontrollierbar) und dass sie in mehreren unterschiedlichen Situationen auftritt (= global). Was ist eure Vermutung, warum das ungünstig ist?*

*Das ist ungünstig bzw. schlecht, da eine Person mit solch einer Ursachenerklärung das Gefühl hat, ihre Leistung nicht selbst in der Hand zu haben und keinen Handlungsspielraum zu besitzen, um die Situation zu ändern. Es ist wahrscheinlich, dass die Person in ähnlichen zukünftigen Situationen einen Misserfolg erwartet. Dadurch ist die Motivation für nachfolgende, ähnliche Aufgaben reduziert und es ist schwierig, die eigene Leistung zu verbessern.*

*Günstig wäre eine Ursachenerklärung, bei der die Person eine Ursache so wahrnimmt, dass sie an ihr selbst liegt (= internal), dass sie nur von kurzer zeitlicher Dauer ist (= zeitlich variabel), dass sie von der Person selbst oder jemand anderem kontrollierbar ist (= kontrollierbar) und dass sie nur in spezifischen Situationen auftritt (= spezifisch). Warum vermutet ihr, ist das gut?*

Geben Sie Ihren Lernenden zwei bis drei Minuten Zeit, über die Frage nachzudenken und diskutieren Sie in der Klasse/Kurs die Vermutungen der Lernenden

*Das ist gut, weil die Person dadurch das Gefühl hat, dass sie ihre Leistung selbst in der Hand hat und einen Handlungsspielraum besitzt, um sie zu verändern. Es ist wahrscheinlich, dass sie in ähnlichen zukünftigen Erfolg erwartet. Dadurch ist ihre Motivation für die Bearbeitung folgender (ähnlicher) Aufgaben gesteigert und es fällt ihr leichter sich mehr anzustrengen und ihre Leistung zu verbessern.*

*Das wichtigste bei der Ursachenerklärung ist also, dass ihr einen Handlungsspielraum seht. Erst wenn ihr eine Ursache als etwas wahrnehmt, das ihr beeinflussen könnt, habt ihr das Gefühl, sie verändern zu können. Dadurch steigt eure Motivation und damit die Wahrscheinlichkeit, zukünftig eine bessere Leistung erzielen zu können.*

*Gibt es noch Fragen?*

3. **Eigene Ursachenerklärungen verändern**
   - Geben Sie Ihren Lernenden Zeit, ihre selbst angekreuzten Ausprägungen auf den Dimensionen mit den Mustern für günstige bzw. ungünstige Ursachenerklärungen zu vergleichen.
   - Wiederholen Sie, dass Ursachenerklärungen Einfluss auf Gefühle, Erfolgserwartung, Motivation und Leistung haben.
   - Erläutern Sie das Vorgehen, wenn günstige Ursachenerklärungen vorliegen.
   - Erläutern Sie das Vorgehen, wenn ungünstige Ursachenerklärungen vorliegen.
   - Klären Sie aufkommende Fragen.

   » *Als nächstes wollen wir behandeln, was ihr mit dem Wissen über Ursachenerklärungen anfangen könnt. Dazu teile ich euch jetzt Muster für günstige und ungünstige Ursachenerklärungen aus. Schaut euch zunächst nochmal auf dem 'Selbstreflexion'-Arbeitsblatt an, was ihr angekreuzt habt und vergleicht es mit den Mustern für günstige bzw. ungünstige Ursachenerklärungen. Versucht für euch selbst einzuordnen, ob eure Ursachenerklärung für die Ursache des Misserfolgs eher günstig oder ungünstig ist.*

Geben Sie Ihren Lernenden zwei bis drei Minuten Zeit zum Abgleichen

*Wir haben gelernt, dass die Art und Weise, wie wir über unsere Misserfolge denken, Einfluss auf unsere Gefühle, unsere Erfolgserwartung, unsere Motivation und nicht zuletzt unsere Leistung hat. Wenn ihr festgestellt habt, dass ihr günstige Ursachenerklärungen für euer spezielles Misserfolgserlebnis habt, dann solltet ihr dies beibehalten. Fraglich ist jedoch, wie ihr damit umgeht, solltet ihr eher ungünstige Ursachenerklärungen haben. In diesem Fall solltet ihr lernen umzudenken. Das heißt, dass ihr noch einmal genauer hinterfragen solltet, welche Ursachen der Misserfolg noch haben könnte. Dabei solltet ihr euch auf Ursachen fokussieren, die ihr selbst beeinflussen könnt. Das heißt Ursachen, die uns Ansatzpunkte zur Verbesserung und Veränderung geben. Schaut euch dafür die Ursachen an, die ihr auf dem Arbeitsblatt ‚Teil C: Selbstreflexion – Wie ordne ich Ursachen ein?' unter 4. gefunden habt. Wenn ihr neue Ansatzpunkte gefunden habt, dann könnt ihr euer zukünftiges Lernverhalten bewusst darauf ausrichten und bleibt motiviert. Anstatt also z. B. zu sagen, dass ihr etwas einfach nicht könnt, weil ihr euch in einem Fach als untalentiert anseht und so keine Motivation zum Lernen habt, könntet ihr in Betracht ziehen, dass ihr die falsche Lernstrategie anwendet und könntet so vielleicht mithilfe einer neuen Strategie wieder otivierter lernen. Habt ihr verstanden, was ich damit ausdrücken will?*

4. **Ein Beispiel aus der Wissenschaft geben (optional bei älteren Lernenden)**
   - Erläutern Sie eine Beispielstudie aus der Wissenschaft (siehe Abschn. 3.5), um Ihren Lernenden zu verdeutlichen, dass das Thema der günstigen und ungünstigen Ursachenerklärungen wissenschaftlich untersucht wurde und günstige Ursachenerklärungen nachweislich eine positive Wirkung zeigen.

» *Wir haben nun gelernt, was Ursachenerklärungen sind, welche Ursachenerklärungen ihr vornehmt und warum und wie ihr diese verändern solltet. Ich möchte euch von einer wissenschaftlichen Untersuchung berichten, die die Wirkung von einem Training zur Veränderung von Attributionen untersucht hat.*

*Das Beispiel, das ich dazu heranziehe, ist eine wissenschaftliche Arbeit von Sukariyah und Assaad (2015). Sie untersuchten die Wirkung eines Trainings zur Veränderung von Attributionen an 44 Schülerinnen und Schülern der 10. und 11. Klasse einer Privatschule.*

*Die Schüler\*innen füllten zunächst einen Fragebogen zu ihren Ursachenerklärungen aus, ähnlich wie ihr es gemacht habt mit der Aufgabe, bei der ihr euren Ursachenerklärungen Dimensionen zugeordnet habt. Basierend auf dem Ergebnis wurden Schüler\*innen mit ungünstigen Ursachenerklärungen ausgewählt. Diese erhielten ein Training, das von Forscher\*innen entwickelt wurde, um die Schüler\*innen darin zu unterstützen, günstigere Ursachenerklärungen zu finden.*

## 5.3 · Leitfaden zu den Auswirkungen unterschiedlicher …

*Als Resultat dieses Trainings zeigte sich, dass sich die Ursachenerklärungen dieser Schüler\*innen hin zu günstigen Erklärungen verbessert hatten. Darüber hinaus hatte sich die Mathematikleistung dieser Schüler\*innen gesteigert.*

**Vorlage: Muster für ungünstige Ursachenerklärungen**

Die Ursache liegt…

an mir selbst (innerhalb) ☐ ☐ ☐ ☐ ☐ ☒ an anderen Personen/ Umständen (außerhalb)

Die Ursache ist…

zeitlich variabel ☐ ☐ ☐ ☐ ☐ ☒ zeitlich stabil

Die Ursache ist…

kontrollierbar ☐ ☐ ☐ ☐ ☐ ☒ nicht kontrollierbar

Die Ursache ist…

spezifisch (nur in bestimmten Situationen) ☐ ☐ ☐ ☐ ☐ ☒ global (in mehreren unterschiedlichen Situationen)

**Vorlage: Muster für günstige Ursachenerklärungen**

Die Ursache liegt…

an mir selbst (innerhalb) ☒ ☐ ☐ ☐ ☐ an anderen Personen/ Umständen (außerhalb)

Die Ursache ist…

zeitlich variabel ☒ ☐ ☐ ☐ ☐ zeitlich stabil

Die Ursache ist…

kontrollierbar ☒ ☐ ☐ ☐ ☐ nicht kontrollierbar

Die Ursache ist…

spezifisch (nur in bestimmten Situationen) ☒ ☐ ☐ ☐ ☐ global (in mehreren unterschiedlichen Situationen)

### 5.3.3 Arbeitsblatt: Handout Ursachenerklärungen

- **Was sind Ursachenerklärungen?**

Gedankliche Zuschreibung von Ursachen für Ereignisse und Verhaltensweisen.

- **Woher kommen Ursachenerklärungen?**

Zur Bildung von Ursachenerklärungen können beobachtete Informationen über das Ereignis oder Rückmeldungen von bedeutsamen Bezugspersonen herangezogen werden.

- **Welche Eigenschaften haben Ursachenerklärungen?**

| | | |
|---|---|---|
| 📍 | Lokation | Liegt die Ursache innerhalb der Person oder außerhalb der Person? |
| ⌚ | Stabilität | Ist die Ursache zeitlich variabel oder zeitlich stabil? |
| 🔧 | Kontrollierbarkeit | Ist die Ursache kontrollierbar oder nicht kontrollierbar? |
| 🌐 | Globalität | Ist die Ursache spezifisch oder global? |

- **Wie wirken sich Ursachenerklärungen auf mich aus?**

Ursachenerklärungen können sich darauf auswirken, wie ich mich fühle und welche Leistung ich in Zukunft erwarte.

## Was sind günstige und ungünstige Attributionen?

|  | günstige Ursachenerklärungen nach einem Misserfolg | ungünstige Ursachenerklärungen nach einem Misserfolg |
|---|---|---|
| **Beispiele für Ursachenerklärungen** | „Ich habe mich nicht genügend auf die Prüfung vorbereitet." „Meine aktuelle Lerntechnik ist nicht optimal." „Ich habe mir beim Lernen nie ein Zeitlimit zur Aufgabenlösung gesetzt oder den Druck in der Prüfungssituation vorgestellt." | „Ich kann das einfach nicht." „Ich bin zu dumm dafür." „Ich kann mit dem Druck bei Leistungssituationen einfach nicht umgehen." |
| **Eigenschaften der Ursachenerklärungen** | Internal, zeitlich variabel, kontrollierbar und spezifisch „Ich habe es selbst in der Hand, mich zu verbessern." | External, zeitlich stabil, nicht kontrollierbar und global „Ich kann nichts daran ändern, dass ich schlecht bin." |
| **Gefühle** | ermutigt, optimistisch, (ziel)fokussiert, bestärkt | entmutigt, pessimistisch, niedergeschlagen, hilflos |
| **Motivation** | Motivation steigt | Motivation sinkt |
| **Erwartungen** | Hohe Erfolgserwartungen in zukünftigen Leistungssituationen | Niedrige Erfolgserwartung in zukünftigen Leistungssituationen |
| **Zukünftiges Verhalten** | Motivierte Einstellung, Lust am Lernen und verbesserte Leistung | Bedrückte Stimmung und unsicheres Gefühl beim Lernen. Keine (positive) Veränderung des Lernens und ggf. Verschlechterung der Leistung. |

## 5.4 Definition, Dimensionen und Auswirkungen von Attributionen effektiv zusammengefasst

### 5.4.1 Steckbrief: Definition, Dimensionen und Auswirkungen von Attributionen effektiv zusammengefasst

- **Ziel**

Dieses Arbeitsblatt zielt darauf ab, Ihre Lernenden über Attributionen zu informieren und damit ein selbstständiges Nach- und Umdenken anzustoßen.

- **Vorüberlegungen zum Einsatz der Methode**

Dieses Arbeitsblatt eignet sich vor allen dann, wenn nicht viel Zeit zur Verfügung steht und bei Ihren Lernenden dennoch ein Verständnis für Attributionen aufgebaut werden soll.

- **Zielgruppe**

Das Arbeitsblatt ist für Schüler*innen ab der weiterführenden Schule sowie für Studierende geeignet.

- **Hinweise zur Durchführung**

Das Arbeitsblatt ist als ein Leitfaden mit allen wichtigen Aspekten der Psychoedukation konstruiert. Dabei wird am Anfang jedes Abschnitts stichpunktartig festgehalten, was erklärt werden soll. Anschließend werden Formulierungsbeispiele gegeben, die aber natürlich je nach Erfordernis abgewandelt werden können.

- **Varianten**

Sie können Ihren Lernenden das „Handout Ursachenerklärungen" (Abschn. 5.3.3) als unterstützende Erläuterung austeilen.

- **Nutzen**

Das Arbeitsblatt illustriert eine Möglichkeit, Psychoedukation in wenigen Schritten effektiv durchzuführen. Die Lernenden werden durch die Psychoedukation für das Thema Attributionen sensibilisiert und befähigt, selbstständig darüber nachzudenken.

### 5.4.2 Arbeitsblatt: Definition, Dimensionen und Auswirkungen von Attributionen effektiv zusammengefasst

1. **Einstieg ins Gespräch**
   - Begrüßung
   - Erklären Sie, dass ein kurzes Gespräch stattfinden wird
   - Gehen Sie auf die Dauer (ca. 5–10 Minuten) des Gespräches ein
   - Nennen Sie den Inhalt/Sinn des Gespräches

– Was sind Ursachenerklärungen (Attributionen) und wie beeinflussen diese unsere Leistung?
– Sinn: Selbstreflexion anstoßen

» *Bevor wir heute mit der Sitzung beginnen, wollte ich mit euch kurz über etwas sprechen, dass uns beim Lernen weiterbringen kann. Um möglichst gut zu lernen, sollten wir alle Möglichkeiten ausschöpfen, die wir dazu haben. Die Beschäftigung mit sogenannten Ursachenerklärungen ist eine dieser Möglichkeiten.*

2. **Definition und Auswirkungen von Attributionen**
   - Definition von Ursachenerklärungen anhand der Schilderung einer beispielhaften Situation
   - Geben Sie Beispiele für ungünstige Attributionen
   - Geben Sie Beispiele für günstige Attributionen
   - Eingehen auf Auswirkungen von Ursachenerklärungen auf Gefühle und Erfolgserwartungen für zukünftige Leistungssituationen

» *Was Ursachenerklärungen sind, erkläre ich euch am besten an einem Beispiel. Stellt euch vor, ihr schreibt eine Prüfung, fühlt euch gut vorbereitet und trotzdem klappt auf einmal einiges nicht. Ihr versteht eine Aufgabenstellung nicht, könnt eine Aufgabe nicht lösen, seid unkonzentriert und schafft es auch zeitlich nicht, alle Aufgaben zu bearbeiten. Nach der Prüfung fahrt ihr nach Hause.*

*Ganz normal ist es, sich nach solch einem Erlebnis zu fragen, woran es gelegen hat. Was waren die Ursachen für die schlechte Leistung und hattet ihr Einfluss darauf? Ihr fragt euch das, weil ihr in der nächsten Klausur wieder besser abschneiden wollt. Ein Misserfolg erlebt niemand gern. Je nachdem, welche Ursachen ihr jetzt für den Misserfolg heranzieht, kann euch dies beim weiteren Lernen helfen oder nicht. Angenommen ihr sagt, dass die schlechte Leistung daran lag, dass die Aufgaben wie immer zu schwierig waren. Dann zieht ihr euch selbst aus der Verantwortung heraus. Ihr seid dieser Ursache „hilflos" ausgeliefert gewesen und konntet sie nicht kontrollieren. Es kann jederzeit sein, dass die Ursache wieder auftritt.*

*Was passiert dadurch? Eure Motivation sinkt: Ihr vermutet, sowieso nichts daran ändern zu können. Sinnvoller wäre es aber doch, nach Ursachen zu suchen, die ihr selbst kontrollieren könnt. Was könnte das sein?*

*Naja, zum Beispiel, dass ihr erkennt, dass eure Vorbereitung doch nicht optimal war, weil ihr euch nur durchgelesen habt, wie die Aufgaben zu lösen sind, aber nie selbst versucht habt, Aufgaben zu lösen und ihr deshalb nicht gut vorbereitet wart.*

*Auch kann es sein, dass ihr erkennt, dass ihr beim Lernen Teilkapitel übersprungen habt, die ihr als unwichtig erachtet hattet, die in der Prüfung dann aber doch abgefragt wurden. Was ihr damit erreicht, ist etwas ganz Wertvolles: Ihr seht, dass ihr Leistungen kontrollieren könnt. Ihr habt es selbst in der Hand was passiert. Dadurch könnt ihr motiviert und fokussiert weiterlernen.*

*Wenn ihr euch nun fragt, woran ihr erkennt, ob die Ursachen, die ihr zur Erklärung von Misserfolgen nutzt, günstig oder ungünstig sind, dann habe ich ein paar Tipps für euch. Ungünstige Ursachenerklärungen erkennt ihr daran, dass ihr denkt, ihr könnt die Ursache selbst nicht verändern. Die Ursache tritt wiederkehrend so auf und sie ist auch in jeder Situation, also zum Beispiel in allen Unterrichtsfächern, gleich.*

*Günstige Ur1sachenerklärungen hingegen, also solche die ihr anstrebt, sind dadurch gekennzeichnet, dass ihr die gefundene Ursache selbst verändern könnt, die Ursache zu unterschiedlichen Zeitpunkten unterschiedlich ausgeprägt sein kann und sie nicht in allen Situationen gleichermaßen auftritt.*

3. **Abschluss des Gesprächs**
    - Klären Sie, ob es noch Fragen gibt.
    - Teilen Sie ggf. das „Handout Ursachenerklärungen" (Abschn. 5.3.3) als unterstützende Erläuterung aus.

# Ein gutes Beispiel sein: Modellierungstechnik

## Inhaltsverzeichnis

**6.1 Modellierung durch Erfahrungsberichte – 91**
6.1.1 Steckbrief: Modellierung durch Erfahrungsberichte – 91
6.1.2 Arbeitsblatt: Leitfragen für Lehrkräfte zum Erinnern von Modellen zur Modellierung – 93
6.1.3 Arbeitsblatt: Leitfragen für Lernende zum Erinnern von Ursachenerklärungen – 96

**6.2 Modellierung durch Rollenspiele – 97**
6.2.1 Steckbrief: Modellierung durch Rollenspiele – 97
6.2.2 Arbeitsblatt: Skript für ein Rollenspiel (1) – 99
6.2.3 Arbeitsblatt: Skript für ein Rollenspiel (2) – 101

**6.3 Selbstmodellierung durch Motivationssätze – 103**
6.3.1 Steckbrief: Selbstmodellierung durch Motivationssätze – 103
6.3.2 Arbeitsblatt: Leitfragen zum Generieren von Sätzen zur Selbstmodellierung – 105

**Ergänzende Information** Die elektronische Version dieses Kapitels enthält Zusatzmaterial, das berechtigten Benutzern zur Verfügung steht. https://doi.org/10.1007/978-3-658-32516-9_6

© Springer Fachmedien Wiesbaden GmbH, ein Teil von Springer Nature 2021
M. E. Badewitz et al., *Schüler*innen und Studierende motivieren*,
https://doi.org/10.1007/978-3-658-32516-9_6

Mittels der Technik der Modellierung können Attributionen bei Lernenden verändert werden. Dabei wird mithilfe eines Vorbilds (als „Modell" bezeichnet, daher der Begriff der Modellierung) dargestellt, welche Ursachenerklärungen in einer Situation ungünstig und welche günstig sind. Zudem kann über ein Modell vermittelt werden, welche Folgen günstige und ungünstige Attributionen für Motivation und Leistung haben. Mit der Modellierungstechnik kann daher besonders die Bedeutung der vier Ursachendimensionen Lokation, Stabilität, Kontrollierbarkeit und Globalität für die eigene Motivation und Leistung verdeutlicht werden.

Es gibt drei unterschiedliche Arten, um mit der Modellierungstechnik Attributionen und deren günstige und ungünstige Folgen für Motivation und Leistung zu vermitteln: Modelldarbietung durch Erfahrungsberichte, Modelldarbietung durch Rollenspiele und Selbstmodellierung. Für jede dieser drei Arten finden sich im Anschluss Materialien. Eine Übersicht über die Inhalte der in diesem Kapitel gesammelten Übungen finden Sie in Tab. 6.1.

Insgesamt können die im Folgenden erklärten Methoden der Modellierung gut mit der Methode der Psychoedukation verknüpft werden. Den Lernenden kann so zunächst das Prinzip der Attribution nähergebracht werden (vgl. Kap. 5 zur Psychoedukation). Die Elemente der Psychoedukation helfen den Lernenden zu verstehen, warum es sinnvoll ist, sich mit Ursachenerklärungen auseinanderzusetzen und warum manche Ursachenerklärungen zielförderlicher sind als andere. Die Modellierungsübungen schließen sich dann daran an und verdeutlichen anhand von Modellen anschaulich, wie sich verschiedene Ursachenerklärungen auf die Motivation und Leistung auswirken und was eine Veränderung von ungünstigen Attributionen hin zu günstigen Attributionen bewirken kann.

◘ Tab. 6.1 Ziele/Inhalte der Materialien „Ein gutes Beispiel sein: Modellierungstechnik"

| Material | | Ziel/Inhalt des Materials |
|---|---|---|
| Modellierung durch Erfahrungsberichte (Abschn. 6.1) | → | An ein passendes Modell erinnern, dass zur Modellierung durch einen Erfahrungsbericht genutzt werden kann |
| Modellierung durch Rollenspiele (Abschn. 6.2) | → | Ein Rollenspiel-Skript erstellen oder auswählen, das zur Modellierung genutzt werden kann |
| Selbstmodellierung durch Motivationssätze (Abschn. 6.3) | → | Motivationssätzen für Lernende generieren, durch die sie häufiger auf günstige Ursachenerklärungen attribuieren |

## 6.1 Modellierung durch Erfahrungsberichte

### 6.1.1 Steckbrief: Modellierung durch Erfahrungsberichte

- **Ziel**

Die folgenden Leitfragen (Abschn. 6.1.2) sollen Ihnen zunächst dabei helfen, eigene passende Erfahrungen zu erinnern, die sie für die Modellierung mittels eines Erfahrungsberichts nutzen können. Die so erinnerten Erfahrungen berichten Sie Ihren Lernenden. Diese Erzählungen sollen den Lernenden als Beispiel für ungünstige und günstige Attributionen dienen und ihnen aufzeigen, welche Konsequenzen mit diesen spezifischen Ursachenerklärungen einhergehen.

- **Vorüberlegungen zum Einsatz der Methode**

Die Modellierung durch Erfahrungsberichte kann sowohl im Rahmen einer größeren Gruppe von Lernenden (z. B. im Klassenkontext oder in einem Seminar) durchgeführt werden als auch in einem Einzelgespräch mit nur einem oder wenigen Lernenden. Die Anwendung der Methode bietet sich insbesondere an, wenn sich in einer Sitzung oder einem Einzelgespräch inhaltlich mit (Prüfungs-)Leistungen beschäftigt wird. Dies könnte beispielsweise das Besprechen einer anstehenden oder zurückliegenden Prüfung sein.

- **Zielgruppe**

Diese Art der Modellierung ist eher für ältere Schüler*innen und für Studierende geeignet.

- **Hinweise zur Durchführung**

Die folgenden Leitfragen auf dem Arbeitsblatt „Leitfragen für Lehrkräfte zum Erinnern von Modellen zur Modellierung" (Abschn. 6.1.2) sind in zwei Teile gegliedert. Im ersten Teil werden Sie darin unterstützt, Beispiele eines Modells mit ungünstigen Attributionen zu erinnern. Der zweite Teil unterstützt Sie darin, Beispiele eines Modells mit günstigen Attributionen zu erinnern. Nehmen Sie sich Zeit und beantworten Sie die Leitfragen in Ruhe.

Haben Sie dies erledigt, können diese Modelle als Grundlage für die Modellierungstechnik dienen. Erzählen sie dazu Ihren Lernenden von diesen zwei Erfahrungen. Berichten Sie dabei zunächst von dem Modell mit den ungünstigen Attributionen und anschließend von dem Modell mit den günstigen Attributionen. Heben Sie dabei besonders die konkreten Attributionen hervor, und legen Sie besonders Wert auf das Modell, das günstige Attribution an den Tag legt. Berichtete Attributionen und das sich aus ihnen ergebende Lern- und Leistungsverhalten bewirken insbesondere dann ein Umdenken bei Ihren Lernenden, wenn die Berichte authentisch sind. Sie sollten Ihre selbst erlebten Erfahrungen daher möglichst realitätsnah schildern.

- **Varianten**

In der Forschung zum Modelllernen hat sich gezeigt, dass es zum Erlernen von einem Modellverhalten sinnvoll ist, wenn die Modellperson der Person, die das Verhalten übernehmen soll, möglichst ähnlich ist. Somit kann es sinnvoll sein, die Modellperson vor dem Erfahrungsbericht genauer zu beschreiben, also zum Beispiel persönliche Eigenschaften wie das Geschlecht, besondere Charaktereigenschaften oder auch Hobbys zu benennen. Wenn die von Ihnen erinnerten Personen sehr anders sind als Ihre Lernenden, können Sie gegebenenfalls einige Eigenschaften des Modells anpassen, um eine höhere Ähnlichkeit zu erreichen. Dies bewirkt, dass die Lernenden sich besser in die Person hineinversetzen können.

Eine weitere Variante besteht darin, dass nicht Sie selbst die Erfahrungsberichte erinnern und dann wiedergeben, sondern dass Sie Lernende darum bitten, eigene Erfahrungsberichte schriftlich zu verfassen. Wählen Sie hierzu Lernende aus, die in der Vergangenheit bei einem konkreten Leistungsereignis einen Misserfolg hatten. Die Lernenden sollen notieren, warum sie meinen, eine schlechte Leistung gezeigt zu haben und möglichst anschaulich schildern, wie sich diese Ursachenerklärungen dann im eigenen Empfinden und Verhalten niedergeschlagen haben. Verwenden Sie für diese Variante das Arbeitsblatt „Leitfragen für Lernende zum Erinnern von Ursachenerklärungen" (Abschn. 6.1.3). Solche Erfahrungsberichte können Sie auch von einer großen Gruppe von Personen, etwa allen Lernenden in einem Kurs, anfertigen lassen. Bei besonders anschaulichen und gut geeigneten Berichten können Sie dann darum bitten, ob Sie diese zukünftig als Erfahrungsbeispiele (Modelle) verwenden dürfen.

- **Nutzen**

Die Modellierung dient dazu, Ihren Lernenden günstige Attributionen beispielhaft näherzubringen und so in der Folge die Motivation Ihrer Lernenden zu fördern. Dies gelingt durch die Verwendung von authentischen Erfahrungsberichten oft besonders gut, weil die Lernenden eine hohe Ähnlichkeit zwischen sich und dem Modell feststellen.

## 6.1.2 Arbeitsblatt: Leitfragen für Lehrkräfte zum Erinnern von Modellen zur Modellierung

Denken Sie an eine **Leistungssituation in Ihrem Fach** zurück. Ziehen Sie dabei nicht nur die typischen Leistungssituationen wie Klausuren in Betracht, sondern auch alltäglichere Situationen, die zwar weniger Einfluss auf eine mögliche Endleistung haben, aber dennoch einen wichtigen Beitrag zum Lernerfolg erbringen, zum Beispiel das Halten eines Referats oder auch schlicht das Bearbeiten von Hausaufgaben oder die mündliche Mitarbeit.

1) *Modelle mit ungünstigen Attributionen:* Erinnern Sie sich an **eine\*n Lernende\*n, die\*der eine schlechte Leistung in dieser Situation erbracht hat und in folgenden ähnlichen Leistungssituationen ebenfalls Misserfolge** erlebt hat.

   a) **Worauf** hat diese\*r Lernende ihre\*seine **schlechte Leistung zurückgeführt**? Hat die\*der Lernende eine **ungünstige Ursache** (external, zeitlich stabil, nicht kontrollierbar, global) als Erklärung für die schlechte Leistung ausgemacht? Die Ursache muss nicht auf allen Dimensionen eine ungünstige Ausprägung haben, sollte aber auf möglichst vielen Dimensionen ungünstig ausgeprägt sein.

   | **Wenn ja**, welche Ursache genau wurde durch die\*den Lernende\*n benannt? | **Wenn nein**, überlegen Sie nochmals, ob Ihnen ein\*e andere\*r Lernende\*r einfällt, die\*der eine ungünstige Ursache als Erklärung für die schlechte Leistung ausgemacht hat? |
   |---|---|
   | _____ | |
   | _____ | |
   | _____ | |

   b) **Welche Auswirkungen hatte diese Ursachenerklärung für das folgende Verhalten** der\*des Lernenden?

   - Hat die\*der Lernende danach erneut **Motivation aufbringen können**, dass gewünschte Verhalten zu zeigen?

   | **Wenn ja**, überlegen Sie nochmals, ob die erinnerte Person wirklich nur ungünstige Ursachen zur Erklärung des Misserfolgs hatte. Wurden auch andere günstige Attributionen getätigt, erklärt dies die erneute Motivation. Diese Person ist damit allerdings kein gutes Modell für ungünstige Attributionen. Versuchen Sie sich an eine Person zu erinnern, die der Situation lediglich ungünstige Ursachen zugeschrieben hat. | **Wenn nein**, haben Sie ein gutes Modell erinnert. Machen Sie mit den folgenden Fragen weiter. |
   |---|---|

> **Welches Verhalten wurde in der Folge** durch die*den Lernende*n **gezeigt?**

_____

_____

> **Wie hat sich dieses Verhalten auf die Leistung** der*des Lernenden **ausgewirkt**

_____

_____

2) *Modelle mit günstigen Attributionen:* Erinnern Sie sich nun an eine*n Lernende*n, die*der **ebenfalls eine schlechte Leistung in dieser Situation erbracht hat, aber in folgenden ähnlichen Leistungssituationen einen Erfolg** erlebte.

a) **Worauf** hat diese*r Lernende ihre*seine **schlechte Leistung zurückgeführt**? Hat die*der Lernende eine **günstige Ursache** (internal, zeitlich variabel, kontrollierbar und spezifisch) als Erklärung für die schlechte Leistung ausgemacht? Die Ursache muss nicht auf allen Dimensionen eine günstige Ausprägung haben, sollte aber auf möglichst vielen Dimensionen günstig ausgeprägt sein.

| **Wenn ja**, welche Ursache genau wurde durch die*den Lernende*n benannt? | **Wenn nein**, überlegen Sie nochmals, ob Ihnen ein*e andere*r Lernende*r einfällt, die*der eine günstige Ursache als Erklärung für die schlechte Leistung ausgemacht hat? |
|---|---|
| _____ | |
| _____ | |
| _____ | |

b) **Welche Auswirkungen hatte diese Ursachenerklärung für das folgende Verhalten** der*des Lernenden?

- Hat die*der Lernende danach **erneut Motivation aufbringen können**, das von Ihnen gewünschte Verhalten zu zeigen?

| **Wenn ja**, haben Sie ein gutes Modell erinnert. Machen Sie mit den folgenden Fragen weiter. | **Wenn nein**, überlegen Sie nochmals, ob die erinnerte Person wirklich nur günstige Ursachen zur Erklärung des Misserfolgs hatte. Wurden auch andere ungünstige Attributionen getätigt, erklärt dies die fehlende Motivation. Diese Person ist damit allerdings kein gutes Modell für günstige Attributionen. Versuchen Sie sich an eine Person zu erinnern, die der Situation lediglich günstige Ursachen zugeschrieben hat. |
|---|---|

> **Welches Verhalten wurde in der Folge** durch die*den Lernende*n gezeigt?

_____
_____

> **Wie hat sich dieses Verhalten auf die Leistung** der*des Lernenden ausgewirkt

_____
_____

Mit diesen zwei Personen haben Sie gute Modelle erinnert, die Sie nachfolgend nutzen können. Ein Modell zeigt ungünstige Attributionen nach einem Misserfolg, das andere Modell günstige Attributionen. Berichten Sie nun Ihren Lernenden von diesen zwei Personen. Schildern Sie dabei die Situation, für die die ungünstigen bzw. günstigen Ursachen als Erklärung gefunden wurden und wie die Auswirkungen dieser Attributionen waren. Schildern Sie, inwieweit die Personen in späteren Leistungssituationen erneut Motivation aufbringen konnten, zu welchem Verhalten dies in den späteren Leistungssituationen geführt hat und wie sich dies auf die Leistung auswirkte.

## 6.1.3 Arbeitsblatt: Leitfragen für Lernende zum Erinnern von Ursachenerklärungen

Denke an eine Leistungssituation zurück. Ziehe dabei nicht nur die typischen Leistungssituationen wie Klausuren in Betracht, sondern auch alltäglichere Situationen, zum Beispiel das Halten eines Referats oder auch schlicht das Bearbeiten von Hausaufgaben oder Deine mündliche Mitarbeit.

Erinnere Dich an eine Situation, in der Du eine schlechte Leistung gezeigt hast, also einen **Misserfolg** hattest.

1) Was glaubst Du, war die **Ursache** für deine schlechte Leistung?
   Du kannst auch mehrere Ursachen nennen.

   _____
   _____

2) Welche **Auswirkungen** hatte diese Ursachenerklärung auf dein folgendes Verhalten? Denke hierzu über die folgenden Fragen nach:

   ➢ Hast Du danach erneut Motivation aufbringen können, Dich in ähnlichen Leistungssituationen anzustrengen?

       Ja ☐      Nein ☐

   ➢ Wie hast Du Dich in diesen ähnlichen Leistungssituationen verhalten?

   _____
   _____

   ➢ Haben sich Deine Leistungen daraufhin verändert? Wenn ja, wie?

   _____
   _____

## 6.2 Modellierung durch Rollenspiele

### 6.2.1 Steckbrief: Modellierung durch Rollenspiele

- **Ziel**

Rollenspiele bieten eine Möglichkeit der Modelldarstellung, bei der ein Modellverhalten sehr anschaulich vermittelt wird. Dadurch können sich Lernende besser in die konkrete Situation hineinversetzen.

- **Vorüberlegungen zum Einsatz der Methode**

Die Modellierung durch Rollenspiele findet ihre Anwendung im Rahmen der Motivationsförderung einer größeren Gruppe von Lernenden. Die Methode kann dann verwendet werden, wenn sich in der Gruppe Lernende befinden, die sich darauf einlassen, ein Rollenspiel vor der Gruppe aufzuführen. Ist dies nicht der Fall, ist es auch möglich, im Vorfeld mit anderen Lernenden das Rollenspiel aufzunehmen und als Video vorzuspielen.

- **Zielgruppe**

Rollenspiele sind für Lernende aller Altersgruppen geeignet, können aber insbesondere in der Anwendung bei jüngeren Schüler*innen von Vorteil sein.

- **Hinweise zur Durchführung**

Basierend auf den Leitfragen, die Sie auf dem Arbeitsblatt „Modellierung durch Erfahrungsberichte – Leitfragen für Lehrkräfte zum Erinnern von Modellen zur Modellierung" (Abschn. 6.1.2) finden, können Sie Ihr eigenes Rollenspiel entwerfen. Ein daraus entstehendes Skript können Sie als Rollenspiel von zwei Lernenden vorführen lassen. Alternativ haben wir zwei verschiedene Rollenspiele für Sie entworfen, die Sie verwenden können, wenn Ihnen keine Idee für ein mögliches Rollenspiel einfällt oder Ihnen die Zeit für einen eigenen Entwurf fehlt. Im ersten Rollenspiel (Abschn. 6.2.2) finden sich Wortlücken, mit denen Sie das Rollenspiel auf Ihren konkreten Kontext anpassen können. Zum Ausfüllen der Lücken mit passenden Begriffen kann Ihnen die Tab. 3.1 „Beispiele für günstige und ungünstige Ursachenerklärungen nach einem Misserfolg und deren Folgen" in Kapitel 3 oder das „Handout Ursachenerklärungen" (Abschn. 5.3.3) eine Hilfe sein. Das zweite Rollenspiel (Abschn. 6.2.3) ist komplett ausformuliert und benötigt keine weitere Anpassung.

Bevor eines der Rollenspiele aufgeführt wird, sollten die Lernenden den Arbeitsauftrag erhalten, das Verhalten der Rollenspielenden genau zu beobachten und dabei besonders darauf zu achten, welche Ursachen für bestimmte Leistungen genannt werden und welche Folgen die Ursachenerklärungen haben. Nach Ende des Rollenspiels sollten Sie mit Ihren Lernenden die Ursachenerklärungen und die Folgen besprechen. Sie können hierzu auf das „Handout Ursachenerklärungen" (Abschn. 5.3.3) zurückgreifen.

- **Varianten**

Es ist empfehlenswert, einzelne Attribute oder den Sprachstil der Personen in den folgenden Rollenspielen individuell anzupassen, damit sich die Ähnlichkeit der dargestellten Personen zu Ihren Lernenden erhöht und damit die dargestellte Situation dem Kontext entspricht, in der das Rollenspiel durchgeführt wird.

Zudem kann das Rollenspiel nicht nur live durch Lernende der Lerngruppe vorgespielt werden, sondern auch in Form eines zuvor gedrehten Videos gezeigt werden. Ein Beispiel für ein Rollenspiel in englischer Sprache findet sich unter folgender URL https://www.youtube.com/watch?v=54Wm1L0kwJk.

- **Nutzen**

Lernende erhalten ein anschauliches, leicht verständliches Beispiel der Bedeutung von Attributionen für ihre Motivation.

## 6.2.2 Arbeitsblatt: Skript für ein Rollenspiel (1)

*Einführung:*

Im folgenden Rollenspiel spielen zwei Personen mit. Sie sind Freunde und unterhalten sich über ihre vergangene Leistung in _____ (*relevanten Leistungskontext*).

*Rollenspiel:*

A: _____ (*Name von Person B*), wie war es in _____ (*relevanter Leistungskontext, z. B. Klassenarbeit/Klausur*) eigentlich bei dir?

B: Es war eigentlich ganz gut. Und bei dir?

A: Ach, weißt du, es ist immer das Gleiche. Ich kann _____ (*Fach*) einfach nicht. Mir fehlen einfach die Fähigkeiten, und ich habe das Gefühl, dass ich das auch nicht lernen kann.

B: Das kann ich mir nicht vorstellen, dass es an deinen Fähigkeiten liegt. Wie hast du dich denn für _____ (*relevanter Leistungskontext*) vorbereitet?

A: Ehrlich gesagt habe ich nur _____ (*passende Art der ungenügenden/strategisch falschen Vorbereitung eintragen*). Ich weiß ja, dass sich die Mühe hier nicht lohnt. Da kann ich mich auch nicht motivieren mich mehr vorzubereiten.

B: Naja, wenn ich nur das gemacht hätte, hätte ich vermutlich auch schlecht abgeschnitten. Von allein läuft das natürlich nicht. Aber mit den richtigen Strategien und etwas mehr investierter Zeit wird das beim nächsten Mal schon was werden.

A: Du verstehst das nicht, sonst habe ich ja auch mehr gelernt. Aber es ist immer das Gleiche, auch wenn ich mehr lerne, bin ich schlecht. Es liegt an mir, also wird es immer so bleiben.

B: Nein, _____ (*Name von Person A*), so solltest du das nicht sehen. Es gibt tausende Erklärungen weshalb es trotz Lernen nicht funktioniert. _____ _____ _____ _____ (*mögliche Gründe einfügen. Bsp.: Zum Beispiel bist du das eine Mal an deine zeitliche Planung falsch herangegangen und deshalb hat dir am Ende Zeit zum Lernen gefehlt. Ein anderes Mal hast du versucht die Inhalte auswendig zu lernen, obwohl für die Klausur das Verständnis wichtiger gewesen wäre. Und wieder ein anderes Mal konntest du dich vielleicht nicht so gut konzentrieren, weil du mit deinen Gedanken bei deiner kranken Tante warst.*) Dass es bisher nicht gut lief, heißt also nicht, dass es ausschließlich an dir liegt, und du auch weiterhin schlecht bleiben wirst.

A: Du hast gut reden.

B: Es ist wichtig, dass du siehst, dass es viele verschiedene Gründe gibt, warum _____ (*relevanter Leistungskontext*) vielleicht nicht gut lief.

A: Und was habe ich davon? An der Tatsache ändert es doch trotzdem nichts.

B: Naja, jetzt ruf dir nochmal ins Gedächtnis, wie du dich auf _____ (*relevanter Leistungskontext*) vorbereitet hast. Du hast selbst gesagt, dass du dich eigentlich kaum vorbereitet hast. Wenn du weiterhin denkst, es liegt daran, dass du in _____(*Fach*) einfach schlecht bist, wie wirst du dich dann auf die nächste _____ (*relevanter Leistungskontext*) vorbereiten?

A: Naja, wieder kaum.

B: Und was denkst du, wie wird _____ (*relevanter Leistungskontext*) dann laufen?

A: So wie immer, schlecht.

B: Siehst du, dann wird sich nichts ändern. Aber wenn du erkennst, dass es auch an anderen von dir selbst beeinflussbaren, spezifischen Umständen liegt, die sich dann wiederum auf deine Leistung auswirken, dann bist du wieder motiviert und lernst beim nächsten Mal mehr. Und dann wirst du sehen, dass es nicht immer schlecht laufen muss, sondern sich deine Leistung verbessern kann, auch wenn es vielleicht trotzdem nicht immer gut laufen wird. Vorletztes Mal lief es bei mir zum Beispiel auch nicht gut, dieses Mal aber schon.

A: Ja, ich verstehe schon, was du meinst. Es stimmt auch, ich konnte mich am Abend vor _____ (*relevanter Leistungskontext*) einfach nicht beim Lernen konzentrieren, vielleicht lag es auch mit daran, dass ich so schlecht war.

B: Und das muss beim nächsten Mal nicht wieder so sein. Vor allem kannst du dich bestimmt auch besser konzentrieren, wenn du dich besser vorbereitet fühlst und nicht schon erwartest, dass es nicht gut gehen wird. Dann lenken dich deine Gedanken weniger ab.

A: Du hast Recht, vielleicht kann ich mein Verhalten und dadurch auch meine Leistung ändern! Nächstes Mal werde ich frühzeitig Lernen und dann läuft es vermutlich besser.

## 6.2.3 Arbeitsblatt: Skript für ein Rollenspiel (2)

*Einführung:*

Im folgenden Rollenspiel spielen zwei Personen mit. Sie sind Freunde und unterhalten sich nach einer Klausur über ihre soeben erbrachten Leistungen. Zudem suchen sie nach möglichen Ursachen für ihre Leistungen.

*Rollenspiel:*

A: Wie lief die Klausur bei dir? Bist du mit den Aufgaben zurechtgekommen?

B: Ja, es war ganz gut. Ich konnte zwar nicht alle Aufgaben lösen, aber doch einen Großteil. Wie lief es bei dir?

A: Bei mir lief es wieder mal nicht so gut. Es ist doch immer das Gleiche. Ich kann das einfach nicht. Mir fehlen einfach die Fähigkeiten und ich habe das Gefühl, dass ich das auch nicht lernen kann.

B: Das Gefühl kenne ich. Du weißt ja, dass ich auch oft schlechte Klausuren schreibe. Ich dachte immer, dass ich einfach nicht schlau genug bin. Aber nachdem ich mit meinem Bruder darüber gesprochen habe, ist mir klar geworden, dass meine schlechten Klausuren auch andere Gründe haben könnten.

A: Wirklich? Was glaubst du denn, könnte deine schlechte Leistung sonst verursacht haben?

B: Ich denke, ich habe mich einfach nicht genug angestrengt. Mein Bruder investiert immer viel mehr Zeit in die Vorbereitung und dies zeigt sich auch in besseren Leistungen. Außerdem glaube ich, gehe ich an das Lernen falsch heran. Ich habe dieses Mal eine andere Strategie zum Lernen verwendet und konnte mir die Inhalte viel besser merken.

A: Mmh, ich habe auch nicht sonderlich viel gelernt. Es bringt ja aber auch sowieso nichts. Auch wenn ich mehr lerne, bin ich schlecht. Meine Fähigkeiten kann ich nun mal nicht ändern. Und daher habe ich auch keine Motivation, mich mit dem Lernstoff auseinanderzusetzen.

B: Du hast Recht. Die eigenen Fähigkeiten kann man vielleicht nicht so gut beeinflussen. Aber deine Herangehensweise an den Lernstoff kannst du durchaus selbst beeinflussen. Du könntest zum Beispiel das nächste Mal versuchen, intensiv Übungsaufgaben vor der Klausur durchzuarbeiten und dir die Inhalte nicht nur theoretisch anschauen. Wenn du inzwischen dazu übergehst, dir die Inhalte ohne weitere Anstrengungen anzuschauen, ist es kein Wunder, wenn du die Aufgaben in der Klausur nicht lösen kannst.

A: Ja okay, und bei dir hat es ja jetzt auch scheinbar funktioniert.

B: Genau, ich habe jetzt erkannt, dass ich meine Leistungen durch meine Anstrengungen und durch die passende Strategie selbst beeinflussen kann. Dadurch, dass ich dies als Problem nach der letzten Klausur erkannt habe, war ich bei der Vorbereitung auf die heutige Klausur viel motivierter, intensiv zu lernen und war auch zuversichtlich, dass ich es schaffen kann. Und dies hat sich jetzt in der Klausur auch gezeigt. Ich bin mir sicher, dass ich eine gute Note bekommen werde.

A: Da könntest du schon recht haben. Mir war schon vor der Klausur klar, dass ich nicht gut sein werde. Aber wenn ich mich das nächste Mal mehr anstrenge und vielleicht mal eine andere Art des Lernens ausprobiere, könnte ich vielleicht zumindest ein paar Aufgaben lösen. Wenn ich mir das so überlege, stimmt mich das viel zuversichtlicher auf die nächste Klausur ein als meine Gedanken an mangelnde Fähigkeiten.

B: Siehst du, das ist doch schon einmal ein Anfang. Dies wird sich sicherlich auch positiv auf deine Leistung in der nächsten Klausur auswirken.

## 6.3 Selbstmodellierung durch Motivationssätze

### 6.3.1 Steckbrief: Selbstmodellierung durch Motivationssätze

- **Ziel**

Dieses Arbeitsblatt soll Sie dabei unterstützen, Motivationssätze für Ihre Lernenden zu generieren. Motivationssätze können Lernenden helfen, ihre Leistungen auf günstige Ursachen zu attribuieren, um mehr Motivation bei der Bearbeitung von Aufgaben aufzubringen und diese aufrecht zu erhalten.

- **Vorüberlegungen zum Einsatz der Methode**

Diese Methode lässt sich mit einzelnen Lernenden als auch in Gruppen anwenden.

- **Zielgruppe**

Diese Übung ist besonders für jüngere Schüler*innen geeignet.

- **Hinweise zur Durchführung**

Das Arbeitsblatt unterstützt Sie darin, Motivationssätze für Ihre Lernenden zu generieren. Haben Sie Motivationssätze generiert, besprechen Sie diese mit Ihren Lernenden. Die Lernenden sollen sich die Motivationssätze vorsagen. Dabei sollen sich die Lernenden die Sätze einerseits vor bzw. bei der Bearbeitung einer Aufgabe aufsagen, um so ihre aktuelle Motivation zu fördern. Zudem sollten sie sich die Sätze auch nach Abschluss der Aufgabe vorsagen, um so günstige Ursachenerklärungen für mögliche Erfolge oder Misserfolge bei der Aufgabenbearbeitung zu machen. Es kann hilfreich sein, wenn sich die Lernenden die Sätze aufschreiben und an für sie relevanten Orten ablegen oder aufhängen, zum Beispiel als kleinen Zettel im Federmäppchen oder als Post-it gut sichtbar am Schreibtisch. Dadurch werden sie regelmäßig an ihre Selbstmodellierungssätze erinnert und können diese dadurch besser verinnerlichen. Beobachten Lernende selbst an sich, dass der Einsatz von motivierenden Selbstinstruktionen die Leistung fördert, so erhöht dies noch zusätzlich die Nutzung dieser Selbstinstruktionen.

- **Varianten**

Die Wirkung der Methode kann durch Elemente der Psychoedukation (Kap. 5) unterstützt werden. Durch die Wissensvermittlung im Rahmen der Psychoedukation erlangen Lernende eine Einsicht in den Sinn und die Folgen der Ursachenerklärungen, welche in den Motivationssätzen formuliert sind. Dies kann die Nutzungswahrscheinlichkeit der Motivationssätze erhöhen.

Zudem können Sie als Lehrkraft Ihre Lernenden loben, wenn diese die Methode der Selbstmodellierung nutzen. Dies erhöht die Verwendungswahrscheinlichkeit der Methode durch Ihre Lernenden.

Bei älteren Lernenden ist es vorteilhaft, wenn die Lernenden Ihre Motivationssätze selbst formulieren. Sie können ältere Lernende dazu anregen, dies zu tun.

Die durch Sie generierten Motivationssätze können Sie auch dazu verwenden, Ihre Lernenden von außen durch Feedback in ihrem gezeigten Verhalten zu verstärken oder ein ungewünschtes Verhalten abzuschwächen. Verstärken Sie erwünschtes Verhalten dadurch, dass Sie nach einem Erfolg mit einem Motivationssatz eine in dieser Leistungssituation plausible und günstige Ursache benennen, die den Erfolg begünstigt hat. Schwächen Sie unerwünschtes Verhalten ab, indem Sie nach einem Misserfolg eine plausible und günstige Ursache benennen, die in Zukunft verändert werden kann und so dazu verhilft, dass der Misserfolg nicht noch einmal auftritt. Dieses Feedback kann mündlich oder schriftlich erfolgen.

- **Nutzen**

Motivationssätze können Ihre Lernenden darin unterstützen, günstige Ursachenerklärungen zu erinnern und so die Motivation in Leistungssituationen aufrechtzuerhalten. Dadurch, dass sich die Lernenden selbst immer wieder während der Bearbeitung einer Aufgabe und auch nach Abschluss einer Aufgabe bei Beurteilung des Erfolgs oder Misserfolgs eine bestimmte günstige Attribution vorsagen, werden Lernende zu ihrem eigenen Vorbild. Durch die Verwendung motivierender Selbstinstruktionen und die Beobachtung von positiven Effekten ihrer Anwendung erleben die Lernenden, dass sie ihre eigene Motivation gezielt beeinflussen können.

6.3 · Steckbrief: Selbstmodellierung durch Motivationssätze

## 6.3.2 Arbeitsblatt: Leitfragen zum Generieren von Sätzen zur Selbstmodellierung

- **Teil 1: Finden von Gründen, die einen Misserfolg/Erfolg in dem relevanten Leistungskontext begünstigen**

Erinnern Sie eine typische Leistungssituation in dem für Sie relevanten Leistungskontext. *Welche innerhalb der Lernenden liegenden, über die Zeit variablen, kontrollierbaren und spezifischen Ursachen können für einen Misserfolg in dieser Situation verantwortlich sein?* Zur Beantwortung dieser Frage kann es auch nützlich sein, sich zu überlegen, welches Verhalten zu einem Erfolg führen würde. Nehmen Sie sich Zeit, nach plausiblen Ursachen für den Misserfolg zu suchen. Notieren Sie sich diese Ursachen:

_____

_____

_____

_____

_____

- **Teil 2: Generierung von Motivationssätzen**

Anhand der in Teil 1 generierten günstigen Ursachen für einen Misserfolg können nun Motivationssätze generiert werden. Beantworten Sie dazu zunächst folgende Frage: *Welches Verhalten kann durch Lernende gezeigt werden, um einen Misserfolg zu vermeiden und so einen Erfolg zu erzielen?* Versuchen Sie diese Verhaltensweisen anhand der Ursachen abzuleiten, die Sie in Teil 1 dieses Arbeitsblattes gefunden haben.

_____

_____

_____

_____

_____

Formulieren Sie nun anhand dieser für einen Erfolg förderlichen Verhaltensweisen Motivationssätze. Fassen Sie dazu in einem präzisen Kausalsatz zusammen, was Lernende tun können, um die eigene Leistung zu beeinflussen, also welches Verhalten gezeigt werden soll, um einen Erfolg zu erreichen bzw. einen Misserfolg zu vermeiden. Formulieren Sie diese Sätze in ICH-Form für Ihre Lernenden. Da Motivationssätze zu drei verschiedenen Gelegenheiten (während der Bearbeitung einer Leistungsaufgabe, nach einem Erfolg, nach einem Misserfolg) relevant werden können, versuchen Sie die Sätze spezifisch für diese Situationen zu formulieren. Je spezifischer die Motivationssätze der Situation angepasst sind, desto größer ist ihre motivierende Wirkung.

Zum besseren Verständnis, wie genau solche Sätze zur Selbstmodellierung aussehen könnten, sind weiter unten einige **Beispiele** aufgelistet.

a) Selbst-Aussagen während der Bearbeitung einer Aufgabe

_____
_____
_____
_____

b) Selbst-Aussagen zum Umgang mit Erfolg

_____
_____
_____
_____

c) Selbst-Aussagen zum Umgang mit Misserfolg

_____
_____
_____
_____

- **Beispiele für Motivationssätze**
a) Selbst-Aussagen während der Bearbeitung einer Aufgabe
    - Ich kann eine gute Leistung erzielen, weil ich meine Lernstrategie an die Aufgabe anpasse.
    - Ich kann die Aufgabe lösen, indem ich konzentriert arbeite.
    - Ich kann meine Leistung beeinflussen, indem ich regelmäßig den Stoff nacharbeite.
b) Selbst-Aussagen zum Umgang mit Erfolg
    - Ich habe die Aufgabe richtig gelöst, weil ich mich angestrengt habe.
    - Ich habe eine gute Leistung gezeigt, weil ich eine passende Strategie zur Aufgabenbearbeitung verwendet habe.
    - Ich habe die Aufgaben richtig lösen können, weil ich die im Unterricht behandelten Konzepte Schritt für Schritt angewendet habe.
c) Selbst-Aussagen zum Umgang mit Misserfolg
    - Auch wenn ich Fehler gemacht habe, kann ich mich das nächste Mal noch ein wenig mehr anstrengen und dann die richtige Lösung finden.

## 6.3 · Steckbrief: Selbstmodellierung durch Motivationssätze

- Ich werde beim nächsten Mal besser abschneiden, wenn ich mich während des Unterrichts weniger ablenken lasse.
- Ich werde die Aufgabe das nächste Mal lösen können, wenn ich die Aufgabenstellung sorgfältig lese und mich tiefgehend mit der Aufgabe beschäftige.

# Realistische Ursachen finden: Beobachtungsinformationen

**Inhaltsverzeichnis**

**7.1 Informationen sammeln und verstehen – 112**
7.1.1 Steckbrief: Informationen sammeln und verstehen – 112
7.1.2 Anleitung zum Arbeitsblatt „Informationen sammeln und verstehen" – 114
7.1.3 Arbeitsblatt: Informationen sammeln und verstehen – 115

**7.2 Beobachtungen sammeln und realistische Ursachenerklärungen bilden – 123**
7.2.1 Steckbrief: Beobachtungen sammeln und realistische Ursachenerklärungen bilden – 123
7.2.2 Arbeitsblatt: Beobachtungen sammeln – 124
7.2.3 Arbeitsblatt: Realistische Ursachenerklärungen bilden – 126

**7.3 Variationen beobachten und zurückmelden – 128**
7.3.1 Steckbrief: Variationen beobachten und zurückmelden – 128
7.3.2 Arbeitsblatt: Variationen beobachten und zurückmelden – 129

**Ergänzende Information** Die elektronische Version dieses Kapitels enthält Zusatzmaterial, das berechtigten Benutzern zur Verfügung steht. https://doi.org/10.1007/978-3-658-32516-9_7

© Springer Fachmedien Wiesbaden GmbH, ein Teil von Springer Nature 2021
M. E. Badewitz et al., *Schüler\*innen und Studierende motivieren*,
https://doi.org/10.1007/978-3-658-32516-9_7

**7.4 Auf beobachtete Variation aufmerksam machen – 133**

7.4.1 Steckbrief: Auf beobachtete Variation aufmerksam machen – 133

7.4.2 Arbeitsblatt: Auf beobachtete Variation aufmerksam machen – 134

# Realistische Ursachen finden: Beobachtungsinformationen

Wenn Lernende überlegen, welche Ursachen einem bestimmten Leistungsergebnis zugrunde lagen, kommen sie unter anderem dadurch zu Ursachenerklärungen, wenn sie beobachten, inwieweit bestimmte Ereignisse gemeinsam mit bestimmten anderen, gegebenenfalls Einfluss nehmenden Faktoren variieren. Wie in Abschn. 2.2.1 beschrieben können Variationen über Personen, über die Zeit und über verschiedene Situationen betrachtet werden. Die Variation des Ereignisses über die Personen bezieht sich auf die Frage, ob ein bestimmtes Ereignis in einer bestimmten Situation nur bei einer bestimmten Person oder auch bei mehreren anderen Personen auftritt. Die Variation des Ereignisses über die Zeit bezieht sich auf die Frage, ob das Verhalten einer bestimmten Person in einer bestimmten Situation nur zu einem bestimmten Zeitpunkt oder auch zu anderen Zeitpunkten auftritt. Die Variation des Ereignisses über die Situation bezieht sich auf die Frage, ob das Verhalten einer bestimmten Person nur in einer bestimmten Situation oder auch in anderen Situationen auftritt. In Abb. 7.1 sind diese drei Arten der Variationen illustriert.

Die Beobachtung von gemeinsamer Variation von bestimmten Ursachen mit bestimmten Ereignissen ist von großer Bedeutung für die Bildung von realistischen Ursachenerklärungen. Daher bieten Materialien, die zur Suche nach Beobachtungen zu den möglichen Variationen von Ereignissen über Personen, Zeitpunkte und Situationen anleiten, eine gute Möglichkeit, die eigenen Ursachenerklärungen kritisch zu reflektieren und die Bildung realistischer Ursachen anzuregen. In Tab. 7.1 werden die Ziele der in diesem Kapitel gesammelten Materialien kurz zusammengefasst.

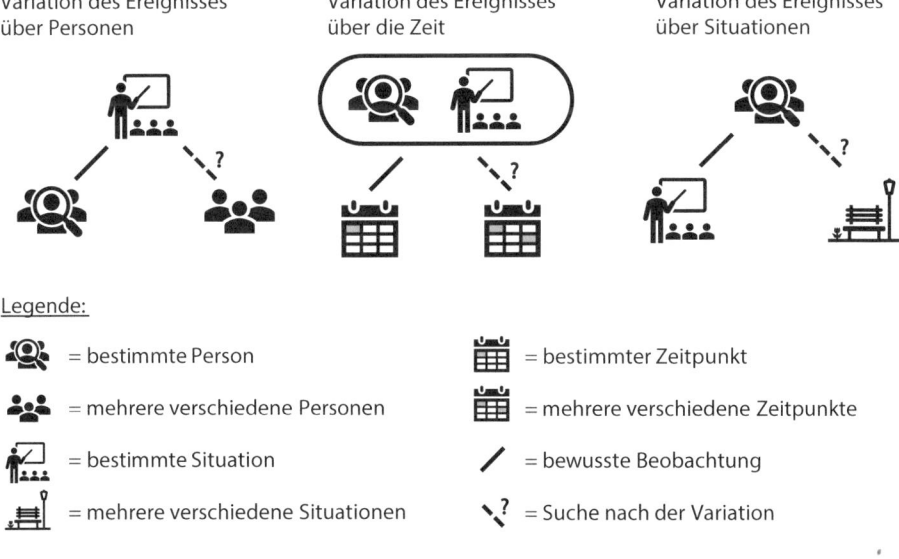

◘ **Abb. 7.1** Illustration der Kategorien von Beobachtungen – Variation des Ereignisses über Personen, die Zeit und Situationen

### Tab. 7.1 Ziele/Inhalte der Materialien „Realistische Ursachen finden: Beobachtungsinformationen"

| Material | | Ziel/Inhalt des Materials |
|---|---|---|
| Informationen sammeln und verstehen (Abschn. 7.1) | → | Lernende üben, sich Beobachtungsinformationen einzuholen und realistische Schlüsse über Ursachenerklärungen abzuleiten |
| Beobachtungen sammeln und realistische Ursachenerklärungen bilden (Abschn. 7.2) | → | Lernende finden realistische Ursachenerklärungen für ein konkretes Ereignis, indem sie feststellen, inwieweit das Ereignis etwas mit ihrer eigenen Person, der Zeit und Besonderheiten der konkreten Situation zu tun hat |
| Variationen beobachten und zurückmelden (Abschn. 7.3) | → | Sie als Lehrkraft lernen, Variation von Ursachen mit Ereignissen, die Ihre Lernenden betreffen, zu beobachten und diese Ihren Lernenden zurückzumelden |
| Auf beobachtete Variation aufmerksam machen (Abschn. 7.4) | → | Beispielsätze, um Ihren Lernenden Ihre Beobachtungen bezüglich der Ursachenvariationen mitzuteilen |

## 7.1 Informationen sammeln und verstehen

### 7.1.1 Steckbrief: Informationen sammeln und verstehen

- **Ziel**

Um sich ein realistisches Bild der Ursachen von Ereignissen zu machen, ist es oft notwendig Informationen einzuholen. Anhand dieses Arbeitsblattes sollen Lernende üben, sich Beobachtungsinformationen einzuholen und anhand dieser Informationen realistische Schlüsse über Ursachenerklärungen abzuleiten.

- **Vorüberlegungen zum Einsatz der Methode**

Die Methode arbeitet in spielerischer Form mit den Leistungsergebnissen eines fiktiven „Mister X". Entsprechend kann sie unter anderem in Settings angewendet werden, in denen Lernende sich noch nicht gut kennen und nicht miteinander über ihre wirklichen Leistungen sprechen können oder wollen. An der Durchführung müssen mehrere Lernende teilnehmen. Die Methode eignet sich daher für die Durchführung in einem Klassen-/Seminarkontext.

- **Zielgruppe**

Die Übung ist wegen ihres spielerischen Charakters besonders für jüngere Lernende geeignet. Die Lernenden müssen jedoch bereits gut lesen und schreiben sowie korrekte Schlüsse aus Informationen ziehen können.

- **Hinweise zur Durchführung**

Jede teilnehmende Person erhält das Arbeitsblatt „Übung: Informationen sammeln und verstehen" sowie eines der Kärtchen „Die Noten von Mister X". Zu diesem Zweck werden die Vorlagen der Kärtchen kopiert und zerschnitten. Das

Arbeitsblatt „Anleitung zur Übung ‚Informationen sammeln und verstehen" beinhaltet den genauen Ablauf und wird ebenfalls ausgeteilt. Ihre Aufgabe als Lehrkraft ist es, die Lernenden bei der Übung anzuleiten: Aufgaben 1 bis 3 werden in Stillarbeit durchgeführt. Setzen Sie Ihren Lernenden hierfür ein realistisches Zeitlimit. Die Schritte 4 und 5 können Sie koordinieren, in dem Sie vorgeben, nach welchen Kriterien die Lernenden ihre Gesprächspartner*innen auswählen und wann sie diese wechseln sollen. Nachdem die Lernenden in Schritt 6 und 7 eine eigene Reflexion durchgeführt haben, ist eine kurze Diskussion im Plenum sinnvoll. In dieser können einige Lernende vorstellen, was sie für Informationen gesammelt und welche Schlüsse sie daraus gezogen haben. Dadurch können Sie überprüfen, ob insgesamt sinnvolle Schlüsse erfolgt sind. Ziel ist es, dass die Lernenden feststellen, dass die verschiedenen Einflussfaktoren (Person, Zeit, Situation) die Leistung beeinflussen und Leistungen daher veränderbar sind.

- **Varianten**

Anstatt der Methode der Informationssammlung im direkten Dialog zwischen zwei Lernenden kann das Zusammentragen der Informationen auch im Plenum gemeinsam an der Tafel/Whiteboard erfolgen. So wird eine mögliche Fehlinterpretation durch die Lernenden vermieden.

Außerdem kann die Übung auch nach einer realen Leistungssituation (z. B. einer tatsächlich zurückerhaltenen Klausur) mit den realen Leistungsergebnissen durchgeführt werden. Allerdings sollten die Lernenden damit einverstanden sein, ihre Ergebnisse mit anderen zu teilen. Zudem sollten Sie sich sicher sein, dass nicht ein*e Lernende*r beständig am schlechtesten abschneidet.

- **Nutzen**

Lernende verstehen, wie sie Informationen erhalten, die für eine realistische Ursachenerklärung notwendig sind und lernen diese Information richtig zu interpretieren. Sie führen sich vor Augen, dass Leistung in der Regel viele verschiedene Ursachen haben kann.

## 7.1.2 Anleitung zum Arbeitsblatt „Informationen sammeln und verstehen"

1. Lies Dir Dein Kärtchen mit den fiktiven Ergebnissen Deines Mister X durch.
2. Überlege Dir basierend auf diesen Informationen, was Du über die Leistung von Mister X weißt. Beantworte hierzu die Fragen auf dem Kärtchen, indem Du die entsprechenden Felder ankreuzt. Du kannst auch mehrere Felder ankreuzen.
3. Schau dir die Übung **„Informationen sammeln und verstehen"** an. Notiere dort unter **Antworten (1)** die Antworten auf die **Fragen (1)**.
4. Sobald alle mit Schritt 1 bis 3 fertig sind, gehe durch den Raum und suche Dir eine*n Gesprächspartner*in. Werfe einen Blick auf dessen Kärtchen mit Information über dessen Mister X. Unterhalte Dich mit Deiner*Deinem Gesprächspartner*in über die auf dem Arbeitsblatt gelisteten **Fragen (2)**. Notiere Deine neuen Erkenntnisse in der Tabelle unter **Antworten (2)**.
5. Wechsle Deine*n Gesprächspartner*in noch ca. drei weitere Male und notiere die neuen Informationen ebenfalls.
6. Kehre auf Deinen Sitzplatz zurück und fülle die **Fazit-Kategorie** des Arbeitsblattes aus.
7. Vergleiche Dein Fazit mit Deinen Überlegungen zuvor, die du in Bezug auf Mister X zuerst hattest. Fülle hierzu die Kategorie **„Wer/Was kann Leistung beeinflussen?"** des Arbeitsblattes aus.

**7.1 · Informationen sammeln und verstehen**

## 7.1.3 Arbeitsblatt: Informationen sammeln und verstehen

| Informations-kategorie | Personen | Zeit | Situationen |
|---|---|---|---|
| **Fragen (1)** | ✗ | Hatte Dein Mister X in der vorletzten Englischarbeit die gleiche Note wie in der letzten? | Hatte Dein Mister X in Mathe andere Noten als in Englisch? |
| **Antworten (1)** | Hier musst du nichts eintragen. | | |
| **Fragen (2)** | Hatten andere Mister X die gleiche Note in der letzten Englischarbeit wie dein Mister X? | Wie ist das bei anderen, hatten deren Mister X in der vorletzten Englischarbeit die gleiche Note wie in der letzten? | Wie ist das bei anderen, hatten deren Mister X andere Noten in Mathe als in Englisch? |
| **Antworten (2)** | | | |
| **Fazit** | ☐ Alle haben die gleiche Note.<br>☐ Noten können sich zwischen Personen unterscheiden. | ☐ Noten bleiben immer gleich.<br>☐ Noten können sich über die Zeit verändern. | ☐ Noten sind in allen Fächern gleich.<br>☐ Noten können sich zwischen Fächern unterscheiden. |
| **Wer/Was kann eine Leistung beeinflussen?** | ☐ Die Person selbst (z.B. Anstrengungen oder Vorkenntnisse) | ☐ Der Zeitpunkt (z.B. die Schwierigkeit der Arbeit oder Lärm) | ☐ Die Situation (z.B. das Fach) |

## Die Noten von Mister X:

| | |
|---|---|
| Note der letzten Englischarbeit | 3 |
| Note der vorletzten Englischarbeit | 4 |
| Note der letzten Mathearbeit | 2 |
| Note der vorletzten Mathearbeit | 4 |

Woran könnte die Leistung von Mister X in der letzten Englischarbeit gelegen haben?
- [ ] An Mister X: Er ist besonders schlau / nicht besonders schlau oder hat sich besonders angestrengt / nicht besonders angestrengt
- [ ] Am Zeitpunkt: Die letzte Englischarbeit war vielleicht besonders schwer / leicht
- [ ] Am Fach Englisch: Mister X ist besonders gut / schlecht in Englisch

## Die Noten von Mister X:

| | |
|---|---|
| Note der letzten Englischarbeit | 2 |
| Note der vorletzten Englischarbeit | 3 |
| Note der letzten Mathearbeit | 2 |
| Note der vorletzten Mathearbeit | 2 |

Woran könnte die Leistung von Mister X in der letzten Englischarbeit gelegen haben?
- [ ] An Mister X: Er ist besonders schlau / nicht besonders schlau oder hat sich besonders angestrengt / nicht besonders angestrengt
- [ ] Am Zeitpunkt: Die letzte Englischarbeit war vielleicht besonders schwer / leicht
- [ ] Am Fach Englisch: Mister X ist besonders gut / schlecht in Englisch

## Die Noten von Mister X:

| | |
|---|---|
| Note der letzten Englischarbeit | 1 |
| Note der vorletzten Englischarbeit | 2 |
| Note der letzten Mathearbeit | 4 |
| Note der vorletzten Mathearbeit | 4 |

Woran könnte die Leistung von Mister X in der letzten Englischarbeit gelegen haben?
- [ ] An Mister X: Er ist besonders schlau / nicht besonders schlau oder hat sich besonders angestrengt / nicht besonders angestrengt
- [ ] Am Zeitpunkt: Die letzte Englischarbeit war vielleicht besonders schwer / leicht
- [ ] Am Fach Englisch: Mister X ist besonders gut / schlecht in Englisch

## Die Noten von Mister X:

| | |
|---|---|
| Note der letzten Englischarbeit | 3 |
| Note der vorletzten Englischarbeit | 3 |
| Note der letzten Mathearbeit | 3 |
| Note der vorletzten Mathearbeit | 3 |

Woran könnte die Leistung von Mister X in der letzten Englischarbeit gelegen haben?
- [ ] An Mister X: Er ist besonders schlau / nicht besonders schlau oder hat sich besonders angestrengt / nicht besonders angestrengt
- [ ] Am Zeitpunkt: Die letzte Englischarbeit war vielleicht besonders schwer / leicht
- [ ] Am Fach Englisch: Mister X ist besonders gut / schlecht in Englisch

## 7.1 · Informationen sammeln und verstehen

---

**Die Noten von Mister X:**

| | |
|---|---|
| Note der letzten Englischarbeit | 3 |
| Note der vorletzten Englischarbeit | 5 |
| Note der letzten Mathearbeit | 2 |
| Note der vorletzten Mathearbeit | 1 |

Woran könnte die Leistung von Mister X in der letzten Englischarbeit gelegen haben?
- ☐ An Mister X: Er ist besonders schlau / nicht besonders schlau oder hat sich besonders angestrengt / nicht besonders angestrengt
- ☐ Am Zeitpunkt: Die letzte Englischarbeit war vielleicht besonders schwer / leicht
- ☐ Am Fach Englisch: Mister X ist besonders gut / schlecht in Englisch

---

**Die Noten von Mister X:**

| | |
|---|---|
| Note der letzten Englischarbeit | 2 |
| Note der vorletzten Englischarbeit | 4 |
| Note der letzten Mathearbeit | 3 |
| Note der vorletzten Mathearbeit | 4 |

Woran könnte die Leistung von Mister X in der letzten Englischarbeit gelegen haben?
- ☐ An Mister X: Er ist besonders schlau / nicht besonders schlau oder hat sich besonders angestrengt / nicht besonders angestrengt
- ☐ Am Zeitpunkt: Die letzte Englischarbeit war vielleicht besonders schwer / leicht
- ☐ Am Fach Englisch: Mister X ist besonders gut / schlecht in Englisch

---

**Die Noten von Mister X:**

| | |
|---|---|
| Note der letzten Englischarbeit | 2 |
| Note der vorletzten Englischarbeit | 2 |
| Note der letzten Mathearbeit | 2 |
| Note der vorletzten Mathearbeit | 4 |

Woran könnte die Leistung von Mister X in der letzten Englischarbeit gelegen haben?
- ☐ An Mister X: Er ist besonders schlau / nicht besonders schlau oder hat sich besonders angestrengt / nicht besonders angestrengt
- ☐ Am Zeitpunkt: Die letzte Englischarbeit war vielleicht besonders schwer / leicht
- ☐ Am Fach Englisch: Mister X ist besonders gut / schlecht in Englisch

---

**Die Noten von Mister X:**

| | |
|---|---|
| Note der letzten Englischarbeit | 1 |
| Note der vorletzten Englischarbeit | 2 |
| Note der letzten Mathearbeit | 1 |
| Note der vorletzten Mathearbeit | 2 |

Woran könnte die Leistung von Mister X in der letzten Englischarbeit gelegen haben?
- ☐ An Mister X: Er ist besonders schlau / nicht besonders schlau oder hat sich besonders angestrengt / nicht besonders angestrengt
- ☐ Am Zeitpunkt: Die letzte Englischarbeit war vielleicht besonders schwer / leicht
- ☐ Am Fach Englisch: Mister X ist besonders gut / schlecht in Englisch

Die Noten von Mister X:

| Note der letzten Englischarbeit | 5 |
| Note der vorletzten Englischarbeit | 4 |
| Note der letzten Mathearbeit | 2 |
| Note der vorletzten Mathearbeit | 2 |

Woran könnte die Leistung von Mister X in der letzten Englischarbeit gelegen haben?
- ☐ An Mister X: Er ist besonders schlau / nicht besonders schlau oder hat sich besonders angestrengt / nicht besonders angestrengt
- ☐ Am Zeitpunkt: Die letzte Englischarbeit war vielleicht besonders schwer / leicht
- ☐ Am Fach Englisch: Mister X ist besonders gut / schlecht in Englisch

---

Die Noten von Mister X:

| Note der letzten Englischarbeit | 4 |
| Note der vorletzten Englischarbeit | 4 |
| Note der letzten Mathearbeit | 5 |
| Note der vorletzten Mathearbeit | 4 |

Woran könnte die Leistung von Mister X in der letzten Englischarbeit gelegen haben?
- ☐ An Mister X: Er ist besonders schlau / nicht besonders schlau oder hat sich besonders angestrengt / nicht besonders angestrengt
- ☐ Am Zeitpunkt: Die letzte Englischarbeit war vielleicht besonders schwer / leicht
- ☐ Am Fach Englisch: Mister X ist besonders gut / schlecht in Englisch

---

Die Noten von Mister X:

| Note der letzten Englischarbeit | 3 |
| Note der vorletzten Englischarbeit | 2 |
| Note der letzten Mathearbeit | 4 |
| Note der vorletzten Mathearbeit | 3 |

Woran könnte die Leistung von Mister X in der letzten Englischarbeit gelegen haben?
- ☐ An Mister X: Er ist besonders schlau / nicht besonders schlau oder hat sich besonders angestrengt / nicht besonders angestrengt
- ☐ Am Zeitpunkt: Die letzte Englischarbeit war vielleicht besonders schwer / leicht
- ☐ Am Fach Englisch: Mister X ist besonders gut / schlecht in Englisch

---

Die Noten von Mister X:

| Note der letzten Englischarbeit | 3 |
| Note der vorletzten Englischarbeit | 5 |
| Note der letzten Mathearbeit | 3 |
| Note der vorletzten Mathearbeit | 1 |

Woran könnte die Leistung von Mister X in der letzten Englischarbeit gelegen haben?
- ☐ An Mister X: Er ist besonders schlau / nicht besonders schlau oder hat sich besonders angestrengt / nicht besonders angestrengt
- ☐ Am Zeitpunkt: Die letzte Englischarbeit war vielleicht besonders schwer / leicht
- ☐ Am Fach Englisch: Mister X ist besonders gut / schlecht in Englisch

## 7.1 · Informationen sammeln und verstehen

---

**Die Noten von Mister X:**

| Note der letzten Englischarbeit | 1 |
|---|---|
| Note der vorletzten Englischarbeit | 1 |
| Note der letzten Mathearbeit | 1 |
| Note der vorletzten Mathearbeit | 1 |

Woran könnte die Leistung von Mister X in der letzten Englischarbeit gelegen haben?
☐ An Mister X: Er ist besonders schlau / nicht besonders schlau oder hat sich besonders angestrengt / nicht besonders angestrengt
☐ Am Zeitpunkt: Die letzte Englischarbeit war vielleicht besonders schwer / leicht
☐ Am Fach Englisch: Mister X ist besonders gut / schlecht in Englisch

---

**Die Noten von Mister X:**

| Note der letzten Englischarbeit | 2 |
|---|---|
| Note der vorletzten Englischarbeit | 4 |
| Note der letzten Mathearbeit | 3 |
| Note der vorletzten Mathearbeit | 2 |

Woran könnte die Leistung von Mister X in der letzten Englischarbeit gelegen haben?
☐ An Mister X: Er ist besonders schlau / nicht besonders schlau oder hat sich besonders angestrengt / nicht besonders angestrengt
☐ Am Zeitpunkt: Die letzte Englischarbeit war vielleicht besonders schwer / leicht
☐ Am Fach Englisch: Mister X ist besonders gut / schlecht in Englisch

---

**Die Noten von Mister X:**

| Note der letzten Englischarbeit | 2 |
|---|---|
| Note der vorletzten Englischarbeit | 3 |
| Note der letzten Mathearbeit | 2 |
| Note der vorletzten Mathearbeit | 4 |

Woran könnte die Leistung von Mister X in der letzten Englischarbeit gelegen haben?
☐ An Mister X: Er ist besonders schlau / nicht besonders schlau oder hat sich besonders angestrengt / nicht besonders angestrengt
☐ Am Zeitpunkt: Die letzte Englischarbeit war vielleicht besonders schwer / leicht
☐ Am Fach Englisch: Mister X ist besonders gut / schlecht in Englisch

---

**Die Noten von Mister X:**

| Note der letzten Englischarbeit | 3 |
|---|---|
| Note der vorletzten Englischarbeit | 4 |
| Note der letzten Mathearbeit | 2 |
| Note der vorletzten Mathearbeit | 2 |

Woran könnte die Leistung von Mister X in der letzten Englischarbeit gelegen haben?
☐ An Mister X: Er ist besonders schlau / nicht besonders schlau oder hat sich besonders angestrengt / nicht besonders angestrengt
☐ Am Zeitpunkt: Die letzte Englischarbeit war vielleicht besonders schwer / leicht
☐ Am Fach Englisch: Mister X ist besonders gut / schlecht in Englisch

## Die Noten von Mister X:

| | |
|---|---|
| Note der letzten Englischarbeit | 1 |
| Note der vorletzten Englischarbeit | 3 |
| Note der letzten Mathearbeit | 3 |
| Note der vorletzten Mathearbeit | 2 |

Woran könnte die Leistung von Mister X in der letzten Englischarbeit gelegen haben?

☐ An Mister X: Er ist besonders schlau / nicht besonders schlau oder hat sich besonders angestrengt / nicht besonders angestrengt
☐ Am Zeitpunkt: Die letzte Englischarbeit war vielleicht besonders schwer / leicht
☐ Am Fach Englisch: Mister X ist besonders gut / schlecht in Englisch

---

## Die Noten von Mister X:

| | |
|---|---|
| Note der letzten Englischarbeit | 1 |
| Note der vorletzten Englischarbeit | 1 |
| Note der letzten Mathearbeit | 2 |
| Note der vorletzten Mathearbeit | 4 |

Woran könnte die Leistung von Mister X in der letzten Englischarbeit gelegen haben?

☐ An Mister X: Er ist besonders schlau / nicht besonders schlau oder hat sich besonders angestrengt / nicht besonders angestrengt
☐ Am Zeitpunkt: Die letzte Englischarbeit war vielleicht besonders schwer / leicht
☐ Am Fach Englisch: Mister X ist besonders gut / schlecht in Englisch

---

## Die Noten von Mister X:

| | |
|---|---|
| Note der letzten Englischarbeit | 1 |
| Note der vorletzten Englischarbeit | 2 |
| Note der letzten Mathearbeit | 3 |
| Note der vorletzten Mathearbeit | 4 |

Woran könnte die Leistung von Mister X in der letzten Englischarbeit gelegen haben?

☐ An Mister X: Er ist besonders schlau / nicht besonders schlau oder hat sich besonders angestrengt / nicht besonders angestrengt
☐ Am Zeitpunkt: Die letzte Englischarbeit war vielleicht besonders schwer / leicht
☐ Am Fach Englisch: Mister X ist besonders gut / schlecht in Englisch

---

## Die Noten von Mister X:

| | |
|---|---|
| Note der letzten Englischarbeit | 4 |
| Note der vorletzten Englischarbeit | 4 |
| Note der letzten Mathearbeit | 4 |
| Note der vorletzten Mathearbeit | 4 |

Woran könnte die Leistung von Mister X in der letzten Englischarbeit gelegen haben?

☐ An Mister X: Er ist besonders schlau / nicht besonders schlau oder hat sich besonders angestrengt / nicht besonders angestrengt
☐ Am Zeitpunkt: Die letzte Englischarbeit war vielleicht besonders schwer / leicht
☐ Am Fach Englisch: Mister X ist besonders gut / schlecht in Englisch

## 7.1 · Informationen sammeln und verstehen

---

**Die Noten von Mister X:**

| | |
|---|---|
| Note der letzten Englischarbeit | 2 |
| Note der vorletzten Englischarbeit | 3 |
| Note der letzten Mathearbeit | 2 |
| Note der vorletzten Mathearbeit | 3 |

Woran könnte die Leistung von Mister X in der letzten Englischarbeit gelegen haben?
☐ An Mister X: Er ist besonders schlau / nicht besonders schlau oder hat sich besonders angestrengt / nicht besonders angestrengt
☐ Am Zeitpunkt: Die letzte Englischarbeit war vielleicht besonders schwer / leicht
☐ Am Fach Englisch: Mister X ist besonders gut / schlecht in Englisch

---

**Die Noten von Mister X:**

| | |
|---|---|
| Note der letzten Englischarbeit | 2 |
| Note der vorletzten Englischarbeit | 3 |
| Note der letzten Mathearbeit | 1 |
| Note der vorletzten Mathearbeit | 2 |

Woran könnte die Leistung von Mister X in der letzten Englischarbeit gelegen haben?
☐ An Mister X: Er ist besonders schlau / nicht besonders schlau oder hat sich besonders angestrengt / nicht besonders angestrengt
☐ Am Zeitpunkt: Die letzte Englischarbeit war vielleicht besonders schwer / leicht
☐ Am Fach Englisch: Mister X ist besonders gut / schlecht in Englisch

---

**Die Noten von Mister X:**

| | |
|---|---|
| Note der letzten Englischarbeit | 2 |
| Note der vorletzten Englischarbeit | 2 |
| Note der letzten Mathearbeit | 2 |
| Note der vorletzten Mathearbeit | 3 |

Woran könnte die Leistung von Mister X in der letzten Englischarbeit gelegen haben?
☐ An Mister X: Er ist besonders schlau / nicht besonders schlau oder hat sich besonders angestrengt / nicht besonders angestrengt
☐ Am Zeitpunkt: Die letzte Englischarbeit war vielleicht besonders schwer / leicht
☐ Am Fach Englisch: Mister X ist besonders gut / schlecht in Englisch

---

**Die Noten von Mister X:**

| | |
|---|---|
| Note der letzten Englischarbeit | 3 |
| Note der vorletzten Englischarbeit | 1 |
| Note der letzten Mathearbeit | 1 |
| Note der vorletzten Mathearbeit | 2 |

Woran könnte die Leistung von Mister X in der letzten Englischarbeit gelegen haben?
☐ An Mister X: Er ist besonders schlau / nicht besonders schlau oder hat sich besonders angestrengt / nicht besonders angestrengt
☐ Am Zeitpunkt: Die letzte Englischarbeit war vielleicht besonders schwer / leicht
☐ Am Fach Englisch: Mister X ist besonders gut / schlecht in Englisch

## Die Noten von Mister X:

| | |
|---|---|
| Note der letzten Englischarbeit | 2 |
| Note der vorletzten Englischarbeit | 4 |
| Note der letzten Mathearbeit | 3 |
| Note der vorletzten Mathearbeit | 5 |

Woran könnte die Leistung von Mister X in der letzten Englischarbeit gelegen haben?
- [ ] An Mister X: Er ist besonders schlau / nicht besonders schlau oder hat sich besonders angestrengt / nicht besonders angestrengt
- [ ] Am Zeitpunkt: Die letzte Englischarbeit war vielleicht besonders schwer / leicht
- [ ] Am Fach Englisch: Mister X ist besonders gut / schlecht in Englisch

---

## Die Noten von Mister X:

| | |
|---|---|
| Note der letzten Englischarbeit | 5 |
| Note der vorletzten Englischarbeit | 4 |
| Note der letzten Mathearbeit | 1 |
| Note der vorletzten Mathearbeit | 2 |

Woran könnte die Leistung von Mister X in der letzten Englischarbeit gelegen haben?
- [ ] An Mister X: Er ist besonders schlau / nicht besonders schlau oder hat sich besonders angestrengt / nicht besonders angestrengt
- [ ] Am Zeitpunkt: Die letzte Englischarbeit war vielleicht besonders schwer / leicht
- [ ] Am Fach Englisch: Mister X ist besonders gut / schlecht in Englisch

---

## Die Noten von Mister X:

| | |
|---|---|
| Note der letzten Englischarbeit | 3 |
| Note der vorletzten Englischarbeit | 1 |
| Note der letzten Mathearbeit | 3 |
| Note der vorletzten Mathearbeit | 4 |

Woran könnte die Leistung von Mister X in der letzten Englischarbeit gelegen haben?
- [ ] An Mister X: Er ist besonders schlau / nicht besonders schlau oder hat sich besonders angestrengt / nicht besonders angestrengt
- [ ] Am Zeitpunkt: Die letzte Englischarbeit war vielleicht besonders schwer / leicht
- [ ] Am Fach Englisch: Mister X ist besonders gut / schlecht in Englisch

---

## Die Noten von Mister X:

| | |
|---|---|
| Note der letzten Englischarbeit | 3 |
| Note der vorletzten Englischarbeit | 2 |
| Note der letzten Mathearbeit | 3 |
| Note der vorletzten Mathearbeit | 4 |

Woran könnte die Leistung von Mister X in der letzten Englischarbeit gelegen haben?
- [ ] An Mister X: Er ist besonders schlau / nicht besonders schlau oder hat sich besonders angestrengt / nicht besonders angestrengt
- [ ] Am Zeitpunkt: Die letzte Englischarbeit war vielleicht besonders schwer / leicht
- [ ] Am Fach Englisch: Mister X ist besonders gut / schlecht in Englisch

## 7.2 Beobachtungen sammeln und realistische Ursachenerklärungen bilden

### 7.2.1 Steckbrief: Beobachtungen sammeln und realistische Ursachenerklärungen bilden

- **Ziel**

Die nachfolgende Übung soll Lernenden dabei helfen, für eine bestimmtes Ereignis (etwa den Misserfolg in einer Aufgabe) Ursachenerklärungen zu finden, die möglichst realistisch sind. Die Übung zeigt Lernenden auf, inwieweit das Ereignis mit ihrer eigenen Person, der Zeit und den Besonderheiten der konkreten Situation (etwa der Aufgabe) zusammenhängt.

- **Vorüberlegungen zum Einsatz der Methode**

Ausgangspunkt sollte ein möglichst markant erinnertes negatives Ereignis sein, zum Beispiel ein besonderer Misserfolg in einer Aufgabe.

- **Zielgruppe**

Diese Übung ist eher für ältere Schüler*innen sowie für Studierende geeignet.

- **Hinweise zur Durchführung**

Für ein konkretes, bereits erlebtes, negatives Ereignis sollen die Lernenden eine Ursache benennen. Im nächsten Schritt werden dann systematisch Fragen beantwortet, die den Lernenden helfen, besser beurteilen zu können, inwieweit das Ereignis etwas mit ihrer Person zu tun hat, stabil über die Zeit und spezifisch für bestimmte Situationen (wie z. B. Aufgaben) ist (→ Arbeitsblatt „Beobachtungen sammeln", Abschn. 7.2.2). Im Anschluss daran erarbeiten sich die Lernenden Strategien, um zukünftig erfolgreicher zu sein (→ Arbeitsblatt „Realistische Ursachenerklärungen bilden", Abschn. 7.2.3). Diese Übung kann entweder mit einer größeren Gruppe jeweils in Einzelarbeit oder auch in einem Einzelgespräch mit Ihren Lernenden durchgeführt werden.

- **Varianten**

Auch die Suche nach den Ursachen für andere Arten des Misserfolges – abgesehen von einem Misserfolg bei der Bearbeitung einer Aufgabe in klassischen Leistungssituationen – ist denkbar. So kann anhand der Methode beispielsweise auch eine nichtzufriedenstellende Kommunikationssituation mit anderen Personen reflektiert werden.

Zudem können Lehrkräfte diese Übung auch selbst bearbeiten, um für einen eigenen erinnerten oder gerade erlebten Misserfolg nach realistischen Ursachen zu suchen.

- **Nutzen**

Die Lernenden suchen systematisch nach Informationen, die ihnen helfen, realistische Ursachenerklärungen zu bilden und dadurch typische, oft vorschnelle und unrealistische Erklärungsmuster zu überwinden. Die Übung hilft nach einem Misserfolg auch, systematisch Personen, Zeitpunkte oder Situationen zu identifizieren, bei denen die Dinge erfolgreicher verlaufen sind. Dies ist ein wertvoller Ansatzpunkt, um erfolgreichere Strategien für zukünftige Anforderungssituationen herauszuarbeiten.

## 7.2.2 Arbeitsblatt: Beobachtungen sammeln

① Welcher persönliche Misserfolg hat Dich in den letzten Wochen besonders beschäftigt?

Beschreibe die Aufgabe, an der du gescheitert bist, möglichst markant.

_____

_____

Rufe dir jetzt ins Gedächtnis, wieso Du bei dieser Aufgabe Deiner Meinung nach erfolglos warst? Notiere Dir die gefundene Ursache/n für den Misserfolg.

_____

_____

② Bitte notiere nun, welche anderen Personen (z. B. deine Mitschüler*innen) mit der gleichen oder einer ähnlichen Aufgabe betraut waren. Schreibe die Namen dieser Personen auf und notiere hinter jedem Namen, zu welchem Ergebnis diese Person gekommen ist, also zum Beispiel ob sie die Aufgabe erfolgreich oder erfolglos bearbeitet hat. Frage nach, wenn Du nicht weißt, wie andere abgeschnitten haben.

| Person/Name | | Ergebnis |
|---|---|---|
| _____ | → | _____ |
| _____ | → | _____ |
| _____ | → | _____ |
| _____ | → | _____ |
| _____ | → | _____ |

③ Bitte notiere nun, zu welchen anderen Zeitpunkten Du früher schon einmal mit der gleichen oder einer ähnlichen Aufgabe konfrontiert warst. Schreibe die Zeitpunkte auf und notiere hinter jedem Zeitpunkt, welches Ergebnis (z. B. Erfolg oder Misserfolg) Du dabei erzielt hast.

| Zeitpunkt | | Ergebnis |
|---|---|---|
| _____ | → | _____ |
| _____ | → | _____ |
| _____ | → | _____ |
| _____ | → | _____ |
| _____ | → | _____ |

④ Bitte notiere nun, inwieweit Du in der vergangenen Woche mit anderen, von dieser Aufgabe abgrenzbaren, Aufgaben konfrontiert warst. Schreibe diese Auf-

## 7.2 · Beobachtungen sammeln und realistische ...

gaben auf und notiere hinter jeder Aufgabe, welches Ergebnis (z. B. Erfolg oder Misserfolg) Du dabei erzielt hast.

Aufgabe                                   Ergebnis

_____  →  _____
_____  →  _____
_____  →  _____
_____  →  _____
_____  →  _____

**Auswertung**
Bitte prüfe vor dem Hintergrund Deiner Notizen nun noch einmal Deine ursprüngliche Ursachenerklärung unter ①.

Wenn Du unter ② auch Personen notiert hast, die ebenfalls erfolglos waren, ist es wenig wahrscheinlich, dass der Grund für Deinen Misserfolg ausschließlich an Dir selbst liegt.

Wenn Du unter ③ Zeitpunkte in der Vergangenheit nennen konntest, in denen Du erfolgreich warst, dann ist der Grund für den aktuellen Misserfolg nicht stabil über die Zeit hinweg. Die Ursache für deinen aktuellen Misserfolg ist somit variabel.

Wenn Du unter ④ andere Aufgaben notiert hast, bei denen Du erfolgreicher warst, dann ist der Grund für den aktuellen Misserfolg vermutlich spezifisch für diese eine Art der Aufgabe.

Diese gesammelten Informationen geben Dir somit erste Anhaltspunkte, ob die Ursache in Dir selbst liegt oder eher ein externer Umstand für Deinen Misserfolg verantwortlich ist ②, ob die Ursache von Dauer ist oder auch nur zu dem bestimmten Zeitpunkt des Misserfolgs aufgetreten ist, an den Du gedacht hast ③ und ob die Ursache spezifisch für diese Art der Aufgabe ist ④.

Die gesammelten Informationen geben Dir Hinweise darauf, was tatsächlich die Ursache für Deinen Misserfolg gewesen ist. Sie geben Dir damit die Möglichkeit, Deinen Erfolg in zukünftigen Situationen besser zu beeinflussen. Das Arbeitsblatt „Realistische Ursachenerklärungen bilden" kann Dir dabei helfen.

## 7.2.3 Arbeitsblatt: Realistische Ursachenerklärungen bilden

Du kannst mithilfe Deiner gesammelten Informationen auf dem Arbeitsblatt „Beobachtung sammeln" Strategien erarbeiten, um zukünftig bei der unter ① auf dem Arbeitsblatt „Beobachtungen sammeln" notierten Aufgabe oder ähnlichen Aufgaben erfolgreicher zu sein.

Spreche hierfür mit den Personen, die Du unter ② des Arbeitsblattes „Beobachtungen sammeln" identifiziert hast, die bei gleichen oder ähnlichen Aufgaben erfolgreich waren. Befrage sie danach, wie sie dies bewerkstelligt haben.

| Person/Name | Strategie |
|---|---|
| _____ → | _____ |
| _____ → | _____ |
| _____ → | _____ |
| _____ → | _____ |
| _____ → | _____ |

Analysiere die Zeitpunkte, die Du unter ③ des Arbeitsblattes „Beobachtungen sammeln" notiert hast und bei denen Du selbst erfolgreicher gewesen bist. Versuche herauszufinden, wie Du es in der Vergangenheit geschafft hast, Erfolg bei der Bearbeitung dieser oder ähnlicher Aufgaben zu haben.

| Zeitpunkt | Strategie |
|---|---|
| _____ → | _____ |
| _____ → | _____ |
| _____ → | _____ |
| _____ → | _____ |
| _____ → | _____ |

Frage Dich schließlich, was Du anders gemacht hast bei anderen, unterscheidbaren Aufgaben, in denen Du erfolgreicher gewesen bist. Rufe Dir hierzu die unter ④ gesammelten Aufgaben auf dem Arbeitsblatt „Beobachtungen sammeln" ins Gedächtnis.

| Aufgabe | Strategie |
|---|---|
| _____ → | _____ |
| _____ → | _____ |
| _____ → | _____ |
| _____ → | _____ |
| _____ → | _____ |

Schaue Dir nun noch einmal die von Dir gesammelten Strategien an, die andere Personen angewendet haben und die Du zu anderen Zeitpunkten oder auch bei anderen Aufgaben angewendet hast. Überlege Dir nun, ob Dir eine dieser Strategien in Zukunft bei der Bearbeitung der unter ① notierten Aufgabe oder dazu ähnlichen Aufgaben helfen könnte. Überlege Dir auch, wie Du – unabhängig von den eigenen Lösungsstrategien, die Du an den Tag legst – Situationen für die Bearbeitung von Aufgaben so gestalten kannst, dass sie besonders erfolgsunterstützend wirken. Du könntest zum Beispiel Deine Lernumgebung so gestalten, dass Du weniger abgelenkt wirst (keine Musik/Lärm; Handy weglegen; Freunden/Familien Bescheid geben, dass Du ungestört lernen willst). Zusätzlich könntest Du Dir Mitlernende suchen, mit denen Du gut zusammenlernen kannst. Probiere die Strategien und die gezielte Gestaltung von Lernsituationen aus. So kannst Du aus deinem aktuellen Misserfolg lernen und zukünftig andere Strategien und Verhaltensweisen an den Tag legen, mit denen Du bei der Bearbeitung dieser und ähnlicher Aufgaben erfolgreicher sein kannst.

## 7.3 Variationen beobachten und zurückmelden

### 7.3.1 Steckbrief: Variationen beobachten und zurückmelden

- **Ziel**

Dieses Arbeitsblatt soll Ihnen helfen, selbst Beobachtungen über die Variation von Ursachen mit Ereignissen bei Ihren Lernenden anzustellen und diese Ihren Lernenden zurückzumelden. So erweitern Sie die Informationen, die Lernende über Ereignisse haben, und fördern dadurch realistische Ursachenerklärungen.

- **Vorüberlegungen zum Einsatz der Methode**

Sie sollten Variationen von Ursachen mit Ereignissen (zum Beispiel in Leistungssituationen) beobachten können. Allein oder im Dialog, beispielsweise mit anderen Lehrkräften, sollten sie also erkennen können, ob ein Ereignis über mindestens einer der folgenden Beobachtungskategorien variiert: Personen, Zeit, Situationen.

- **Zielgruppe**

Diese Technik können Sie als Lehrkraft bei Lernenden jeden Alters anwenden.

- **Hinweise zur Durchführung**

Mit Blick auf ein konkretes Ereignis (z. B. eine Klausur) werden Sie angeleitet, systematisch Fragen zu beantworten, inwieweit das Ereignis über Personen, die Zeit und Situationen variiert. Im Anschluss sollten Sie Ihre Erkenntnisse aus dieser Reflexion Ihren Lernenden mitteilen.

- **Varianten**

Auch andere Kontakt-Personen Ihrer Lernenden (z. B. Tutor*innen, Nachhilfelehrer*innen, Eltern) können die Beobachtungen anstellen und diese den Lernenden mitteilen.

- **Nutzen**

Lernenden kann es schwerfallen, objektiv die Variation von Ursachen mit Ereignissen wahrzunehmen und sich diese bewusst zu machen. Sie als Lehrkraft haben einen anderen Blickpunkt auf das Ereignis und haben im Rahmen Ihres Unterrichts insbesondere die Möglichkeit, die Variation von Leistungen über Ihre Lernenden hinweg zu beobachten. Dies ist für einzelne Lernende nur in eingeschränktem Maße möglich. Zudem können Sie von einem professionelleren Blickwinkel die Leistung einzelner Lernender über die Zeit und Situationen (z. B. Aufgaben) hinweg beurteilen. Durch die Rückmeldung von derartigen Beobachtungen können Lernende auf einer breiteren Informationsbasis realistischere Ursachenerklärungen finden. Realistische Ursachenerklärungen sind ein wichtiger Schritt in Richtung motivierten und erfolgreichen Lernens.

## 7.3.2 Arbeitsblatt: Variationen beobachten und zurückmelden

① Ereignis festlegen

Eine konkrete Formulierung, für welches Leistungsereignis Sie verschiedene Informationen zusammentragen wollen, erleichtert die Suche nach stichhaltigen Beobachtungsinformationen. Ein konkretes Ereignis kann zum Beispiel die zuletzt geschriebene Klausur oder die Bearbeitung einer bestimmten Hausaufgabe sein.

Für welches Ereignis im Leistungskontext wollen Sie verschiedene Informationen zusammentragen? Notieren Sie sich das Ereignis.

_____

_____

② Beobachtungsinformationen sammeln und rückmelden

Anhand der folgenden Arbeitsblätter können Sie die verschiedenen Kategorien betrachten, über die Ursachen bezüglich des Ereignisses variieren können. Es kann sein, dass Sie nicht zu allen Kategorien Informationen beobachten können. Jede einzelne Information, die Sie finden, ist wertvoll, aber es ist nicht gravierend, wenn Sie zu einzelnen Fragen keine Beobachtungen treffen können.

## 1. Variation über Personen

**Fragen**

Rufen Sie sich das betrachtete Ereignis in den Kopf. Welche Leistung haben Ihre Lernenden gezeigt? Prüfen Sie besonders, wie viele Lernende bei diesem Ereignis einen Misserfolg erlebt haben.

Hatten nur vereinzelte Lernende einen Misserfolg? Oder haben viele/alle Lernende einen Misserfolg erlebt?

☐ einzelne     ☐ viele

Gegebenenfalls unterteilen Sie das Ereignis in noch spezifischere Teile. Dies können zum Beispiel einzelne Aufgaben einer Klausur sein. Stellen Sie sich für jeden dieser spezifischen Teile erneut die folgende Frage: Haben bei spezifischen Teilen nur einzelne Lernende einen Misserfolg erlebt oder viele/alle Lernenden?

**Informationsumgang**

Teilen Sie Ihren Lernenden mit, wenn viele Lernende einen Misserfolg bei diesem Ereignis oder auch bei einem bestimmten Teil dieses Ereignisses erlebt haben.

Insbesondere bei Aufgaben, die nur sehr wenige lösen konnten, sollten Sie die Lernenden darüber informieren, wie schwierig die Aufgabe war.

**Nutzen**

Für Lernende ist es nach einem Misserfolg eine wertvolle Information, ob auch andere Lernende einen Misserfolg hatten. So können Lernende erkennen, dass ein Misserfolg nicht nur an den eigenen mangelnden Fähigkeiten liegt, sondern sich auch an anderen Faktoren wie bspw. der Schwierigkeit einer Aufgabe festmachen lässt.

## 7.3 · Variationen beobachten und zurückmelden

### Fragen

Rufen Sie sich eine*n bestimmte*n Lernende*n in den Kopf, die*der einen Misserfolg in diesem Ereignis oder auch in einem bestimmten Teil dieses Ereignisses hatte und bei der*dem Sie ein Motivationsdefizit wahrnehmen. Denken Sie nun an ähnliche Ereignisse in der Vergangenheit (z. B. frühere Klausuren oder ähnliche Hausaufgaben).

Hat diese*r Lernende früher auch schon schlechte Leistungen in Bezug auf dieses Ereignis gezeigt? Oder hat die*der Lernende früher auch Erfolge aufweisen können?

☐ konstant Misserfolg  ☐ teils auch Erfolge

Sie können diese Variation über die Zeit für verschiedene Lernende betrachten.

**2. Variation über die Zeit**

### Informationsumgang

Melden Sie Ihren Lernenden zurück, wenn diese in der Vergangenheit Erfolge hatten. Überlegen Sie ggf. zusammen mit Ihren Lernenden, was bei dem zurückliegenden Ereignis anders war. Unterstützen Sie Ihre Lernenden dabei, passende Strategien zur erfolgreichen Bewältigung eines Ereignisses zu generieren.

### Nutzen

Manchen Lernenden fällt es schwer, frühere Erfolge bewusst wahrzunehmen. Aber gerade das Wissen über einen Erfolg in der Vergangenheit gibt Lernenden die Möglichkeit zu analysieren, was sie damals anders gemacht haben als beim jetzt betrachteten Ereignis. In der Folge können Lernende Strategien entwickeln, um auch zukünftig Erfolg zu erzielen.

## Kapitel 7 · Realistische Ursachen finden: Beobachtungsinformationen

### 3. Variation über die Situation

**Fragen**

Rufen Sie sich erneut die*den Lernende*n in den Kopf, die*der einen Misserfolg in diesem Ereignis oder auch in einem bestimmten Teil dieses Ereignisses hatte und bei der*dem Sie ein Motivationsdefizit wahrnehmen. Denken Sie nun an ähnliche Ereignisse in anderen Situationen. Dies können zum Beispiel andere Klausuren im gleichen Fach sein. Es können aber auch Klausuren in anderen Fächern oder eine konzeptionell ähnliche Aufgabe während des regulären Unterrichts sein.

Hat diese*r Lernende bei ähnlichen Ereignissen in anderen Situationen auch schlechte Leistungen gezeigt? Oder hat die*der Lernende in diesen anderen Situationen auch Erfolge gehabt?

☐ konstant Misserfolg ☐ teils auch Erfolge

Sie können diese Variation über Situationen für verschiedene Lernende betrachten.

**Informationsumgang**

Wenn Sie Erfolge in anderen Situationen bei ähnlichen Ereignissen beobachten konnten, melden Sie dies Ihren Lernenden zurück. Überlegen Sie ggf. zusammen mit Ihren Lernenden, welche Unterschiede es im Vergleich zu dem Misserfolgs-Erlebnis gibt. Unterstützen Sie Ihre Lernenden dabei, passende Strategien zur erfolgreichen Bewältigung eines Ereignisses zu generieren.

**Nutzen**

Manchen Lernenden fällt es schwer, frühere Erfolge bei ähnlichen Ereignissen in anderen Situationen bewusst wahrzunehmen und mit aktuellen Ereignissen in Bezug zu setzen. Aber gerade das Wissen über Erfolge bei ähnlichen Ereignissen in anderen Situationen gibt Lernenden die Möglichkeit zu analysieren, was sie in anderen Situationen anders gemacht haben als beim jetzt betrachteten Ereignis. In der Folge können Lernende Strategien entwickeln, um zukünftig Erfolg zu erzielen.

## 7.4 Auf beobachtete Variation aufmerksam machen

### 7.4.1 Steckbrief: Auf beobachtete Variation aufmerksam machen

- **Ziel**

Auf dem Arbeitsblatt erhalten Sie Beispielsätze, wie Sie Ihren Lernenden Ihre Beobachtungen zu Ursachenvariationen mitteilen können.

- **Vorüberlegungen zum Einsatz der Methode**

Diese Methode kann angewendet werden, wenn Sie die Variation von Ursachen und Ereignissen beobachtet haben, auf die Sie die Lernenden aufmerksam machen wollen.

- **Zielgruppe**

Diese Methode kann bei Lernenden jeden Alters angewendet werden.

- **Hinweise zur Durchführung**

Auf dem Arbeitsblatt sind die möglichen Ursachenbeobachtungen in drei Kategorien geteilt, die sich mit Variationen über Personen, die Zeit und Situationen beschäftigen. In der rechten Spalte finden sich zur jeweiligen Kategorie die passenden Kommentare. Die aufgeführten Kommentare sind Beispiele, die Sie auf Ihren Kontext anpassen können.

Wenn Sie eine Variation einer Ursache über Personen, die Zeit oder die Situation beobachten, können Sie einen der Kommentare der jeweiligen Kategorie Ihren Lernenden gegenüber schriftlich (z. B. unter einer Aufgabe) oder verbal äußern.

- **Varianten**

keine

- **Nutzen**

Lernende haben im Vergleich zu Ihnen als Lehrkraft einen anderen, oft eingeschränkten Blickwinkel auf ihr eigenes Verhalten. Mithilfe der Kommentare des Arbeitsblattes können Sie Ihren Lernenden eine breitere Sichtweise auf mögliche Ursachen von Verhaltensergebnissen zur Verfügung stellen. Dadurch werden Lernende bei der Bildung realistischer Ursachenerklärungen unterstützt. Dies ist ein wichtiger Schritt für motiviertes und erfolgreiches Lernen.

## 7.4.2 Arbeitsblatt: Auf beobachtete Variation aufmerksam machen

| Beobachtete Variation | Kommentarbeispiele |
|---|---|
| Variation über Personen mitteilen – Lernende können so erkennen, ob die Ursache nur bei ihnen auftrat. | • „Andere Schüler*innen benutzen andere Strategien."<br>• „Nicht jeder steckt gleich viel Energie in die Aufgabenbearbeitung."<br>• „Nicht allen ist die Aufgabe so leichtgefallen."<br>• „Du warst unkonzentriert. Andere Schüler*innen waren mehr bei der Sache." |
| Variation über Zeit mitteilen – Lernende können so erkennen, ob die Ursache über die Zeit hinweg variiert. | • „Du hast bereits ähnliche Aufgaben lösen können."<br>• „Morgens bist Du konzentrierter als abends."<br>• „Nächstes Mal kannst Du zeigen, dass Du die Aufgabe eigentlich verstehst."<br>• „Letzte Stunde warst Du mehr bei der Sache."<br>• „Bei früheren ähnlichen Aufgaben bist Du anders vorgegangen." |
| Variation über die Situation mitteilen – Lernende können so erkennen, ob die Ursache über Situationen hinweg variiert. | • „In anderen Fächern strengst du dich mehr an."<br>• „Bei anderen Lehrer*innen bist du motivierter."<br>• „Im Unterricht konntest du die Aufgabe, bei der Hausaufgabe hattest du Schwierigkeiten."<br>• „Bei diesem Aufgabentyp hast du mehr Schwierigkeiten als bei anderen."<br>• „In Gruppenarbeiten zeigst du mehr Engagement."<br>• „Diese Aufgabe habe ich besonders schwer gestellt." |

# Erwünschte Ursachenerklärungen äußern: Kommentierungstechnik

**Inhaltsverzeichnis**

**8.1 Äußerung von Attributionen anregen – 137**
8.1.1 Steckbrief: Äußerung von Attributionen anregen – 137
8.1.2 Arbeitsblatt: Äußerungen von Ursachenerklärungen anregen – 139

**8.2 Günstige Attributionen verstärken und ungünstige abschwächen – 140**
8.2.1 Steckbrief: Günstige Attributionen verstärken und ungünstige abschwächen – 140
8.2.2 Arbeitsblatt: Günstige Attributionen verstärken und ungünstige abschwächen – 142

© Springer Fachmedien Wiesbaden GmbH, ein Teil von Springer Nature 2021
M. E. Badewitz et al., *Schüler\*innen und Studierende motivieren*,
https://doi.org/10.1007/978-3-658-32516-9_8

Kommentierungstechniken zeichnen sich dadurch aus, dass Lernende durch Sie als Lehrkraft oder andere Bezugspersonen eine ausdrückliche Rückmeldung erhalten, die auf die Veränderung der Attributionen der Lernenden abzielt. Dementsprechend können Sie mit dieser Technik einerseits ungünstige Ursachenerklärungen abschwächen und die Suche nach günstigeren, motivationsförderlicheren Ursachenerklärungen anregen. Andererseits können Sie auch geäußerte erwünschte und motivationsförderliche Ursachenerklärungen verstärken. Ein Teil der Kommentierung kann dabei auch sein, Lernende dafür zu sensibilisieren, wieso die gefundenen Ursachenerklärungen günstig bzw. ungünstig sind. Um Attributionen von Lernenden allerdings kommentieren zu können, müssen Sie als Lehrkraft die Ursachenerklärungen Ihre Lernenden kennen. Somit ist bei dieser Technik auch zentral, Lernende anzuregen, Ursachenerklärungen zu äußern.

Bei den Kommentierungstechniken gilt es, einige Grundlagen zu beachten. Folgende Fragen geben Hinweise auf diese:

- **In welcher Form möchte ich kommentieren? (mündlich oder schriftlich)**

Es gibt verschiedene Formen, in denen kommentiert werden kann. Einerseits können Sie als Lehrkraft mündlich kommentieren, wenn Lernende Attributionen äußern oder Leistungen zeigen. Andererseits können Sie auch schriftlich kommentieren. Dies kann zum Beispiel dann sinnvoll sein, wenn Sie schriftliche Ausarbeitungen oder eine Klausur von Lernenden korrigieren. Bei dieser schriftlichen Kommentierung bietet sich vor allem die Kommentierung von Verhaltensweisen oder Verhaltensergebnissen an, da Sie vermutlich zu diesem Zeitpunkt die Attributionen Ihrer Lernenden noch nicht kennen.

- **Welche anderen Personen können kommentieren?**

Nicht nur Sie als Lehrkraft können kommentieren, sondern auch andere Lernende, Schülertutor*innen, Vertrauens-/Nachhilfelehrer*innen oder Eltern. Dies kann den Effekt von Kommentierungstechniken nochmals verstärken. Wenn Lernende Informationen von mehreren unterschiedlichen Personen erhalten, kann das eine unterschiedliche Wirkung auf die Lernenden haben. So kann es sein, dass ein*e Lernende*r Aussagen von einer außenstehenden Person mehr vertraut und in der Folge eher annimmt. Erst wenn Kommentierungen durch die Lernenden ernst genommen werden, können Sie die Motivation fördern und somit zu einer Verhaltensänderung beitragen. Zudem entwickelt sich durch das Kommentieren durch mehrere Personen ein gewisses „Klima", das günstige Ursachenerklärungen fördert und normal wirken lässt.

Wenn Sie gerne auch andere Personen dazu anregen möchten, Erfolge und Misserfolge Ihrer Lernenden zu kommentieren, dann ist es wichtig, dass Sie diese Personen vorher anleiten. Die Personen sollten das Konzept der Attributionen kennen und günstige von ungünstigen Attributionen unterscheiden können.

Im Folgenden finden Sie einige Materialien, die Sie bei der Kommentierung der Ursachenerklärungen Ihrer Lernenden unterstützen sollen. Eine Übersicht über die Inhalte des in diesem Kapitel gesammelten Materialien finden Sie in Tab. 8.1.

| **Tab. 8.1** Ziele/Inhalte der Materialien „Erwünschte Ursachenerklärungen äußern: Kommentierungstechnik" | |
|---|---|
| **Material** | **Ziel/Inhalt des Materials** |
| Äußerung von Attributionen anregen (Abschn. 8.1) | → Formulierungshilfen erhalten, damit sich Lernende ihrer Attributionen bewusst werden und diese Ihnen gegenüber äußern |
| Günstige Attributionen verstärken und ungünstige abschwächen (Abschn. 8.2) | → Formulierungshilfen erhalten, die gefundene, günstige Attributionen von Lernenden bestärken und ungünstige Attributionen kenntlich machen sowie eine Suche nach anderen Ursachenerklärungen anregen |

## 8.1 Äußerung von Attributionen anregen

### 8.1.1 Steckbrief: Äußerung von Attributionen anregen

- **Ziel**

Dieses Arbeitsblatt gibt Ihnen Formulierungshilfen an die Hand, wie Sie die von Lernenden (häufig im Stillen) gemachten Ursachenerklärungen diesen bewusst machen und wie Sie die Lernenden dazu bringen, diese Ursachenerklärungen Ihnen gegenüber zu äußern.

- **Vorüberlegungen zum Einsatz der Methode**

Dieses Arbeitsblatt kann angewendet werden, wenn Lernende sich ihrer eigenen Ursachenerklärungen nicht bewusst sind oder Sie selbst als Lehrkraft die Ursachenerklärungen Ihrer Lernenden erfahren wollen. Dabei bietet Ihnen dieses Arbeitsblatt Beispielformulierungen, wie Sie Lernende in einem Vier-Augen-Gespräch dazu anregen können, Ursachenerklärungen zu äußern.

- **Zielgruppe**

Diese Methode kann bei Lernenden jeden Alters angewendet werden.

- **Hinweise zur Durchführung**

Wenn Lernende einen Misserfolg erlebt haben, ist es sinnvoll nach Ursachen für diesen zu suchen. Misserfolge können falsch gelöste Aufgaben im Unterricht oder bei den Hausaufgaben sein oder auch eine schlechte Note in einer Klausur. Suchen Sie in zeitlicher Nähe zu dem Misserfolg das Gespräch mit den Lernenden. Ein Gespräch unter vier Augen kann helfen, dass Lernende sich ehrlicher äußern und nicht aus Scham oder aufgrund selbstdarstellerischer Tendenzen andere Ursachenerklärungen angeben als die, die sie tatsächlich vornehmen. Sprechen Sie den Misserfolg explizit an. Fragen Sie Ihre*n Lernende*n, welche Ursachen sie*er selbst für diesen Misserfolg sieht. Versuchen Sie an dieser Stelle noch keine Ursachenerklärungen nahezulegen. Sagen Sie Ihrer*Ihrem Lernenden, dass Sie an ihrer*seiner Sicht der Dinge interessiert sind. Ziel ist es, die wahren, persönlichen Ursachenerklärungen Ihrer Lernenden zu erfahren. Durch die Artikulation der Ursachenerklärungen werden diese auch Ihren Lernenden explizit bewusst.

Wenn Ihre Lernenden Ihnen gegenüber ihre Ursachenerklärungen geäußert haben, können Sie günstige Attributionen verstärken bzw. ungünstige Attributionen ansprechen und die Suche nach günstigeren Ursachen anregen. Hierzu können Sie das Arbeitsblatt „Günstige Attributionen verstärken und ungünstige abschwächen" (Abschn. 8.2) verwenden.

- **Varianten**

Auch nach einem Erfolg kann es sinnvoll sein, das Äußern von Ursachenerklärungen anzuregen. Speziell bei Lernenden, mit denen Sie Reattributionsübungen durchgeführt haben, ist es interessant zu erfahren, welche Ursachenerklärungen die Lernenden für Ihren Erfolg haben: Haben sie sich zum Beispiel mehr angestrengt, mehr gelernt oder andere Strategien verwendet, so wie Sie es Ihren Lernenden nach dem letzten Misserfolg empfohlen haben? Und haben Sie diese Faktoren auch als Ursache für ihren Erfolg erkannt? Auch nach einem Erfolgserlebnis sollten internale, kontrollierbare, zeitlich variable und spezifische Ursachen durch die Lernenden ausgemacht werden. Sie können bei der Erkundung von Ursachenerklärungen für den Erfolg analog vorgehen wie nach einem Misserfolg. Sie müssen lediglich die angesprochene Situation zum Erfolgserlebnis hin ausrichten.

Zudem kann in einer Situation, in der vermutlich viele Lernende nach Ursachen für Leistungsergebnisse suchen, beispielsweise bei der Rückgabe einer Klausur, auch im Rahmen einer Gruppenübung die Äußerung von Ursachenerklärungen angeregt werden. Sie können Ihren Lernenden dann zum Beispiel den Auftrag geben, die Ursache(n) für ihren Erfolg oder Misserfolg in der Leistungssituation aufzuschreiben. Die im Folgenden aufgeführten Formulierungshilfen können Ihnen dabei helfen, diesen Arbeitsauftrag zu formulieren.

- **Nutzen**

Nur wenn Lernenden ihre eigenen Ursachenerklärungen und deren Eigenschaften bewusst sind, können sie aktiv werden und selbst nach möglicherweise anderen, günstigeren Attributionen suchen. Zudem können Sie als Lehrkraft nur dann bei ungünstigen Attributionen intervenieren, wenn Sie die Ursachenerklärungen Ihrer Lernenden kennen. Die folgenden Materialien helfen Ihnen, Lernende zur Artikulation von Ursachenerklärungen anzuregen und damit auch das Bewusstsein über im Stillen getätigte Attributionen zu fördern.

## 8.1.2 Arbeitsblatt: Äußerungen von Ursachenerklärungen anregen

① Sprechen Sie den Misserfolg explizit an. Fragen Sie Ihre*n Lernende*n, welche Ursachen sie*er selbst für den Misserfolg sieht. Versuchen Sie an dieser Stelle, noch keine Ursachenzuschreibungen nahezulegen. Sie können sich an folgenden Beispielaussagen orientieren, um Ihre Lernenden anzuregen, ihre Ursachenerklärungen zu äußern:

- „Die Aufgabe hast Du nicht richtig gelöst. Kannst Du Dir vorstellen, woran das gelegen haben könnte?"
- „Du hast in dieser Klausur eine schlechtere Note als sonst geschrieben. Was siehst Du als ursächlich für Deinen Misserfolg/schlechte Leistung an?"
- „Du hast bei der Bearbeitung Deiner Hausaufgaben einige Fehler in den Lösungen. Was denkst Du, wieso Du Schwierigkeiten bei der Lösung der Aufgaben hattest?"
- „Versuche Dich zurück in die Situation zu versetzen, als Du versucht hast, diese Aufgabe zu bearbeiten. War da irgendetwas, was Dich bei der Aufgabenbearbeitung gestört hat, was die Ursache für das Misslingen gewesen sein könnte?"
- „Du hast Dich bei deinem Referat oft verhaspelt. Was glaubst Du, woran dies lag?"

② Ein und dieselbe Ursache kann von verschiedenen Personen subjektiv hinsichtlich ihrer Einordnung auf den vier Ursachendimensionen anders wahrgenommen werden. Wenn Sie die Zuordnung Ihrer*Ihres Lernenden nicht kennen oder sich unsicher sind, fragen Sie Ihre*n Lernende*n, welchen Eigenschaften sie*er den geäußerten Ursachen zuschreibt. Nur so können Sie beurteilen, ob die Ursache in der Wahrnehmung Ihrer*Ihres Lernenden günstig oder ungünstig ist. Orientieren Sie sich an folgenden vier Fragen:

- „Ist die Ursache für Dich etwas, was mit Dir als Person zu tun hat, also innerhalb von Dir liegt? Oder hat die Ursache für Dich etwas mit Deiner Umgebung zu tun, liegt also eher außerhalb von Dir?"
- „Ist die Ursache für Dich etwas, was nur zu einem bestimmten Zeitpunkt auftritt, also zeitlich variabel ist? Oder ist die Ursache eher länger andauernd, also zeitlich stabil?"
- „Ist die Ursache für Dich etwas, worauf jemand Einfluss nehmen kann, also etwas, was zum Beispiel Du, ich oder andere Mitlernende kontrollieren können? Oder ist die Ursache eher unkontrollierbar?"
- „Ist die Ursache für Dich etwas, was nur bei spezifischen Aufgaben oder Situationen passiert, also spezifisch ist? Oder besteht die Ursache über verschiedene Aufgaben und Situationen hinweg und ist somit global?"

## 8.2 Günstige Attributionen verstärken und ungünstige abschwächen

### 8.2.1 Steckbrief: Günstige Attributionen verstärken und ungünstige abschwächen

- **Ziel**

Dieses Arbeitsblatt gibt Ihnen Formulierungshilfen an die Hand, um von Lernenden geäußerte günstige Attributionen zu verstärken bzw. von Lernenden geäußerte ungünstige Attributionen abzuschwächen. Die aufgeführten Kommentare zielen darauf ab, die von Lernenden gefundenen Ursachen entweder als günstige Ursachenerklärungen zu bekräftigen oder als ungünstige Ursachenerklärungen kenntlich zu machen. Zweiteres regt eine Suche nach anderen Ursachen an. Zudem sensibilisieren die Kommentare Lernende dafür, wieso die getätigten Ursachenerklärungen günstig oder ungünstig sind.

- **Vorüberlegungen zum Einsatz der Methode**

Sofern Ihre Lernenden Ursachen nicht spontan äußern, müssen Sie diese zunächst dazu anregen, Ursachenerklärungen zu äußern, damit Sie diese verstärken oder abschwächen zu können. Das Arbeitsblatt „Äußerung von Attributionen anregen" (Abschn. 8.1) kann Ihnen dabei eine Hilfe sein. Direkt nach der Äußerung einer Ursachenerklärung ist es sinnvoll, diese zu bestärken sofern sie günstig ist bzw. diese abzuschwächen und eine weitere Ursachensuche anzuregen, wenn die Erklärung ungünstig ist.

- **Zielgruppe**

Diese Methode kann bei Lernenden jeden Alters angewendet werden.

- **Hinweise zur Durchführung**

Nachdem ein*e Lernende*r Ihnen gegenüber ihre*seine Ursachenerklärungen geäußert hat, sollten Sie darauf reagieren. Wenn die geäußerte Ursache eine günstige ist, verstärken Sie diese Attribution. Heben Sie den positiven Mehrwert der Attribution hervor. Ist die geäußerte Ursache hingegen eine ungünstige Ursache, schwächen Sie diese Attribution. Machen Sie deutlich, wieso die Ursache ungünstig ist und regen Sie die Lernenden dazu an, nach anderen, günstigeren Ursachen zu suchen. Die folgenden Formulierungshilfen können Ihnen dabei helfen. Diese Formulierungen sind dabei jeweils nur Beispiele. Passen Sie die Aussagen Ihren Kontext an, um die Authentizität zu erhöhen.

- **Varianten**

keine

- **Nutzen**

Lernende sollen selbst günstige Ursachenerklärungen für eigene Erfolge und Misserfolge finden. Auch wenn Lernende durch andere Reattributionsübungen bereits gelernt haben, was günstige und was ungünstige Attributionen sind und welche Folgen diese für Motivation und Leistung haben, ist es schwierig, seine eigenen, typischerweise getätigten Ursachenerklärungen direkt zu verändern. Vielmehr fällt man oft in alte Muster zurück.

Wenn Sie günstige Attributionen verstärken und ungünstige Attributionen abschwächen, unterstützen Sie Ihre Lernenden darin, das gelernte Wissen auch andauernd umzusetzen. Die Betonung der günstigen oder ungünstigen Eigenschaften der getätigten Ursachenerklärungen sensibilisiert Ihre Lernenden darauf zu achten, dass die getätigten Ursachenerklärungen günstige sind und was dies mit Ihnen macht in dem Sinne, ob sie erneut die Motivation aufbringen können, sich anzustrengen und Erfolge erwarten.

## 8.2.2 Arbeitsblatt: Günstige Attributionen verstärken und ungünstige abschwächen

| **Günstige Attributionen verstärken** | „Die von Dir gefundene Ursache _____ *(von der\* dem Lernenden geäußerte Ursache einfügen)* für Deinen Misserfolg… |
|---|---|
| Günstige Attributionen sind der Tendenz nach… <br> • internal (innerhalb der Person verortet) <br> • zeitlich variabel <br> • kontrollierbar <br> • spezifisch | • wird Dir helfen, motiviert bei der Sache zu sein." <br> • ist günstig. Du wirst sehen, wenn Du an dieser Ursache arbeitest, werden sich bald Erfolge einstellen." <br> • wird Dich darin bestärken weiter zu machen und nicht aufzugeben." <br> • ist förderlich, da Du so einen Ansatzpunkt hast, an dem du arbeiten kannst, um in Zukunft bessere Leistungen erzielen zu können." <br> • zeigt Dir Deinen Handlungsspielraum auf, um das nächste Mal wieder eine bessere Leistung zu zeigen." <br> • ist sinnvoll. Du hast damit eine Ursache erkannt, an der Du ansetzen kannst." |
| | „Die von Dir gefundene Ursache _____ *(von der\* dem Lernenden geäußerte Ursache einfügen)* für Deinen Erfolg… <br><br> • zeigt Dir auf, was Du aus eigener Kraft geschafft hast. Weiter so!" <br> • ist günstig. Du erkennst so Deinen eigenen Anteil an Deiner Leistung!" <br> • wird Dich darin motivieren, auch zukünftig weiter zu machen." <br> • zeigt Dir Deinen Handlungsspielraum auf, den Du genutzt hast und der Dich zum Erfolg geführt hat." <br> • unterstreicht Deinen eigenen Anteil an Deinem Erfolg. Das hast Du gut gemacht." |
| **Ungünstige Attributionen abschwächen** | „Die von Dir gefundene Ursache _____ *(von der\*dem Lernenden geäußerte Ursache einfügen)* für Deinen Misserfolg/Erfolg… |
| Ungünstige Attributionen sind der Tendenz nach… <br> • external (außerhalb der Person verortet) <br> • zeitlich stabil <br> • nicht kontrollierbar <br> • global | • solltest Du nochmal überdenken. Bist du sicher, dass der Misserfolg/Erfolg nicht vielleicht auch andere Ursachen haben kann?" <br> • ist ungünstig. Denke nochmal nach, ob nicht auch andere Ursachen in Frage kommen!" <br> • ist nicht sonderlich förderlich dafür, dass Du das nächste Mal Motivation aufbringen kannst, erneut zu lernen. <br> Dir fallen bestimmt noch andere Gründe ein, wieso Du dieses Mal (nicht) so gut abgeschnitten hast." <br> • impliziert, dass Du nichts an deiner Leistung ändern kannst. Es gibt aber bestimmt auch noch andere Ursachen, die Du selbst in der Hand hast, um so Deine Leistung positiv zu beeinflussen. Welche könnten das sein?" <br> • ist nicht sonderlich bestärkend beim nächsten Mal wieder Kraft und Energie in die Zielerreichung zu stecken. Welche Ursachen fallen Dir noch ein, auf die Du einen Einfluss hast und die Deine Leistung mitbestimmt haben?" |

# Spezielle Herausforderungen bei der Motivationsförderung

Im Kontext von Leistungssituation in Schule und Hochschule können die bisher thematisierten Konzepte und Übungen zur Förderung von Motivation durch die Veränderung von Ursachenerklärungen unter Umständen an ihre Grenzen stoßen. In diesem letzten Teil des vorliegenden Bandes soll auf drei Arten von Situationen eingegangen werden, die eine spezielle Herausforderung bei der Motivationsförderung darstellen können: Herbe Rückschläge (Kap. 9), vermeintlich mangelndes Können (Kap. 10) und Probleme des Wollens (Kap. 11). Die nachfolgenden Kapitel geben Lehrkräften Hinweise zum Umgang mit diesen speziellen Herausforderungen. Diese Hinweise sollen es ermöglichen, auch in den beschriebenen herausfordernden Situationen eine erfolgreiche Motivationsförderung durchzuführen.

## Inhaltsverzeichnis

Kapitel 9    Umgang mit herben Rückschlägen – 145

Kapitel 10   Wenn es vermeintlich am Können fehlt – 149

Kapitel 11   Wenn Wollen zum Problem wird – 153

# Umgang mit herben Rückschlägen

Inhaltsverzeichnis

9.1  Herbe Rückschläge – 146

9.2  Hinweise zur Verarbeitung herber Rückschläge – 147

Literatur – 147

© Springer Fachmedien Wiesbaden GmbH, ein Teil von Springer Nature 2021
M. E. Badewitz et al., *Schüler*innen und Studierende motivieren*,
https://doi.org/10.1007/978-3-658-32516-9_9

## 9.1 Herbe Rückschläge

Personen investieren Kraft und Mühe vor allem in diejenigen Bereiche und Aufgaben ihres Lebens, die ihnen wichtig sind und die für sie persönlich einen hohen Stellenwert haben. Mitunter ist es sogar so, dass Menschen den Eindruck haben, dass diese Bereiche einen als Person besonders ausmachen oder kennzeichnen. Diese Identifikation von Personen mit dem, womit sie sich beschäftigen, ist grundsätzlich wünschenswert.

Die folgenden Aussagen sind Beispiele für den Ausdruck einer solchen starken Identifikation:
- Mein Studienfach ist mein Wunschfach – daher ist es mir auch wirklich wichtig, darin gut zu sein.
- Ich bin wirklich stolz darauf, Lehrer an dieser Schule zu sein.
- Ich interessiere mich sehr für Naturwissenschaften, daher ist es mir wichtig, auch über meine Leistungen in der Schule hinaus an Forschungswettbewerben teilzunehmen und meine Leistung unter Beweis zu stellen.
- Mein Sport bedeutet mir viel.

Eigene Misserfolge sind für Personen daher meist nicht bedeutungslos – ganz im Gegenteil. Viele Situationen im Leistungskontext sind gerade dadurch gekennzeichnet, dass Personen aufgrund einer starken Identifikation danach streben, in bestimmten Bereichen Erfolge zu erzielen und Misserfolge zu vermeiden. Weil es für sie persönlich wichtig ist, investieren Personen viel in die Vorbereitung und strengen sich stark an. Wenn aber schlussendlich trotz intensiver Bemühungen ein Misserfolg eintritt, ist dies zunächst einmal eine bittere Enttäuschung. Und es ist umso bitterer, je mehr zuvor investiert wurde. Solche Situationen werden hier „herbe Rückschläge" genannt.

> ▶ **Gedankenreise: Eigene persönliche Rückschläge**
>
> Wann haben Sie zuletzt selbst einen herben Rückschlag erlebt – wann haben Sie etwas angestrebt, dies mit sehr großem Bemühen verfolgt und sind dennoch gescheitert?
>
> Versuchen Sie sich noch einmal in diese Situation hineinzuversetzen. Erinnern Sie sich an das Gefühl, das Sie empfanden in dem Moment als sich herausstellte, dass Sie gescheitert waren.
>
> Überlegen Sie sich, was in dieser Situation eine für Sie bedeutsame Person (z. B. Ihr*e Vorgesetzte*r oder Ihr*e Partner*in) Wohltuendes zu Ihnen hätte sagen können. ◀

In diesem Band haben Sie Techniken kennengelernt, die nach Misserfolgen helfen sollen, Ursachenfaktoren zu finden, die man selbst kontrollieren kann. Nach einem herben Rückschlag kann es aber zunächst einmal gar nicht unbedingt hilfreich sein, die Aufmerksamkeit auf internale und kontrollierbare Ursachenfaktoren zu lenken, weil es zunächst einmal darum geht, die Bitterkeit des Misserfolgs besser wegzustecken und nicht zu sehr an der eigenen Person zu zweifeln. Der Schutz des eigenen Selbstwertgefühls steht hier zunächst im Vordergrund.

## 9.2 Hinweise zur Verarbeitung herber Rückschläge

Folgende Vorgehensweisen können hilfreich sein, um mit schwer zu verkraftenden Niederlagen in einem ersten Schritt besser umgehen zu können.

1. **Auf die Häufigkeit von Misserfolg hinweisen**
   Es kann hilfreich sein, nach einem Misserfolg einen Überblick darüber zu gewinnen, wer ansonsten noch gescheitert ist. Dies stärkt die Wahrnehmung dafür, nicht die einzige Person zu sein, die das gewünschte Ziel nicht erreicht hat. Man sieht, dass es noch andere Personen gibt, die gleichsam gescheitert sind und das gleiche empfinden. Es entsteht eine Überzeugung, mit bestimmten Empfindungen nicht allein zu sein. Diese wird in der Psychologie als „common humanity" bezeichnet, weil derartige Erfahrungen einen mit anderen Menschen verbinden (Neff 2003). Es ist schützend für das eigene Selbstwertgefühl, diese Überzeugung nach Misserfolgserlebnissen zu stärken.
2. **Die hohe Schwierigkeit der Aufgaben in den Blick nehmen**
   Manchmal streben Personen nach sehr hochgesteckten Zielen, beispielsweise den Sieg bei „Jugend forscht", den Erhalt eines Stipendiums bei einem Begabtenförderwerk oder das Erzielen eines Zuschlags bei einer sehr kompetitiven, hoch dotierten Ausschreibung. Es liegt gerade bei derart hochgesteckten Zielen in der Natur der Aufgabe, dass Misserfolg wahrscheinlicher ist als Erfolg. Für den Umgang mit Misserfolg kann es daher sehr hilfreich sein, sich diese Schwierigkeit der Aufgabe noch einmal vor Augen zu führen und sich selbst deutlich zu machen (oder deutlich gemacht zu bekommen), wie sprichwörtlich hoch die süßen Trauben hingen, nach denen man gegriffen hat.
3. **Andere wichtige Aspekte der eigenen Person in den Blick nehmen**
   Stärkend für das Selbstwertgefühl kann es nach einem herben Rückschlag auch sein, sich vor Augen zu führen, welche anderen Bereiche des eigenen Schul- und Universitätsalltages, des Berufs oder aber auch welche anderen Bereiche außerhalb von diesen man selbst als wichtig erlebt und in welchen man erfolgreich ist. Dies kann zum Beispiel ein wichtiger Sport, eine ehrenamtliche Tätigkeit oder ein anderes soziales Engagement sein. Die Konzentration auf solche für einen selbst wichtigen und positiven Lebensbereiche schützt das Selbstwertgefühl (McQueen und Klein 2006). Dies macht die Person in einem nächsten Schritt dafür bereit, den erlebten Misserfolg motivationsdienlich zu betrachten .

   Wenn mit Hilfe der Anwendung dieser Techniken die Bitterkeit verflogen und man sich sicher ist, dass man nicht wegen dieses erlebten Misserfolgs an der eigenen Person zweifeln muss, dann ist – unter Umständen auch in einem gewissen zeitlichen Abstand zum Misserfolg – eine gute Grundlage für die Veränderung der Attributionen in einem motivationsförderlichen Sinne gelegt.

## Literatur

McQueen, A., & Klein, W. M. P. (2006). Experimental manipulations of self-affirmation: A systematic review. *Self and Identity, 5*(4), 289–354. https://doi.org/10.1080/15298860600805325.

Neff, K. D. (2003). The development and validation of a scale to measure self-compassion. *Self and Identity, 2*(3), 223–250. https://doi.org/10.1080/15298860309027.

# Wenn es vermeintlich am Können fehlt

Inhaltsverzeichnis

10.1 Vermeintlich fehlendes Können – 150

10.2 Hinweise zum Umgang mit Aufgaben, bei denen es vermeintlich am Können mangelt – 150

Literatur – 151

## 10.1 Vermeintlich fehlendes Können

Mitunter sieht man als Lehrkraft die Ursachen für wiederholte Misserfolge von Lernenden in deren geringen Fähigkeiten und hält deshalb Techniken der Motivationsförderung in ihrem möglichen Nutzen für begrenzt. Bei einer solchen Ausgangssituation ist man möglicherweise nicht geneigt, die in diesem Buch vorgeschlagenen Ansätze auszuprobieren, um die Lernenden bei der Bildung von motivationsförderlicheren Ursachenerklärungen zu unterstützen.

Gleiches mag aus Sicht der Lernenden selbst gelten: Welchen Nutzen soll es haben, sich für eine Aufgabe zu motivieren, wenn man der festen Überzeugung ist, dass es die eigenen geringen Fähigkeiten sind, die wiederholt Schwierigkeiten bei der Aufgabenbearbeitung verursachen?

In diesem Kapitel soll dargestellt werden, wie eine realistische Betrachtung von Fähigkeiten im Rahmen von Motivationsförderung aussehen kann und warum diese Betrachtung meist kein Gegensatz zum Einsatz von Techniken der Motivationsförderung ist.

Zwei Fragen sind für eine Lehrkraft bei diesen Überlegungen zentraler Ausgangspunkt:

1. **Was genau bringt mich dazu, an den Fähigkeiten der*des Lernenden zu zweifeln?**
   Hier sollte man insbesondere realistische Informationen einholen (vgl. Abschn. 2.2.1), die dabei helfen zu beurteilen, ob andere Lernende ebenfalls mit Schwierigkeiten kämpfen, inwieweit die Schwierigkeiten der*des Lernenden selbst stabil über die Zeit sind und inwieweit sie über Aufgaben variieren.

   Auf der Basis dieser Informationen kann in einem nächsten Schritt besser beurteilt werden, ob die Aufgaben, mit der die*der Lernende konfrontiert ist, (für sie*ihn) prinzipiell lösbar sind. Nur wenn dies der Fall ist (wenn auch nur mit hoher Anstrengung), macht es Sinn, Motivationsförderung zu betreiben.

2. **Ist die Aufgabe für die*den Lernenden frei wählbar?**
   Bei Gruppenarbeiten können Aufgaben so verteilt werden, dass Lernende bevorzugt solche Aufgaben bearbeiten, die ihnen liegen und leichter fallen. Für solche Tausch- und Wahlmöglichkeiten gibt es aber durchaus Grenzen. Es kann sein, dass eine freie Wahl nicht möglich oder nicht erwünscht ist. Wenn ein bestimmtes Schulfach oder ein bestimmtes Seminar an der Universität Pflichtfächer sind, können Lernende dieses Fach nicht umgehen, auch wenn sie hier nicht unbedingt ihre Talente sehen. Bei solch unumgänglichen Aufgaben ist Motivationsförderung trotz potenziell eingeschränkten Könnens angebracht.

## 10.2 Hinweise zum Umgang mit Aufgaben, bei denen es vermeintlich am Können mangelt

Für Inhalte und Aufgaben, die ein*e Lernende*r nicht umgehen kann und für diese sie*er in Relation zu anderen Inhaltsbereichen weniger Talent hat, können die folgenden drei Überlegungen hilfreiche Anregungen zur Motivationsförderung bieten.

1. **Ein realistisches Anspruchsniveau entwickeln**
   Die Kenntnis der eigenen Stärken und Schwächen trägt dazu bei, realistische Ziele zu verfolgen. Wenn ein*e Lernende*r erkennt, dass sie*er kein besonders

großes Talent für die Bearbeitung einer bestimmten Aufgabe hat, dann sollte sie*er die eigenen Erwartungen an ihre*seine Leistung anpassen. Auch Lehrkräfte sollten in diesem Falle das mangelnde Talent der*des Lernenden berücksichtigen.

Das heißt aber nicht, dass ein Misserfolg erwartet werden muss. Das Ergebnis einer Aufgabenbearbeitung besteht oft nicht allein in den zwei möglichen Ausgängen Erfolg und Misserfolg. Vielmehr kann sich eine gezeigte Leistung in dem gesamten Spektrum zwischen exzellent und miserabel bewegen. Wenn ein*e Lernende*r unter solchen Bedingungen anstrebt ein wenig besser zu sein als beim letzten Mal, drückt dies ein forderndes und zugleich realistisches Anspruchsniveau aus.

Es hat sich in der Forschung gezeigt, dass Leistungsbewertungen, bei denen Lernende an ihren eigenen früheren Resultaten gemessen werden, besonders gut geeignet sind, die Setzung eines motivationsförderlichen Anspruchsniveaus zu unterstützen (z. B. Krampen 1987).

2. **Fähigkeiten als veränderbar betrachten**
Wenn ein*e Lernende*r von sich selbst meint, in einem bestimmten Bereich kein Talent zu besitzen, dann ist dies eine zu starke Vereinfachung der Wirklichkeit. Fähigkeiten sind nicht entweder vorhanden oder nicht vorhanden, sie sind mehr oder weniger stark ausgeprägt. Wenn ein*e Lernende*r meint, in einem bestimmten Bereich – relativ zu anderen Bereichen – weniger talentiert zu sein, dann heißt dies meist dennoch, dass sie*er in diesem Bereich ein Mindestmaß an Fähigkeiten besitzt, um mäßige Leistungen an den Tag zu legen.

Hinzu kommt, dass Fähigkeiten durch eine ausdauernde Beschäftigung mit Aufgaben auch gesteigert werden können. Fähigkeiten sind somit nicht als gegeben und unveränderbar anzusehen (Sternberg 2001). Es ist motivationsförderlich, wenn Lehrkräfte ein Wachstums-Mindset (Dweck 2008), also die Sicht auf Fähigkeiten als veränderbar, an den Tag legen und dieses gegenüber ihren Lernenden auch kommunizieren.

3. **Sich vor Augen führen, dass Leistung vielfältige Ursachen hat**
Leistung hat vielfältige Ursachen. Es gilt, diejenigen in den Blick zu nehmen, die der eigenen Einflussnahme unterliegen. Unter dieser Perspektive ist eine moderate Leistungsverbesserung durch Maßnahmen der Motivationsförderung auch dann möglich, wenn es sich um einen Bereich handelt, in dem nicht die relativen Stärken und Talente der Lernenden liegen.

## Literatur

Dweck, C. S. (2008). *Mindset: Changing the way you think to fulfil your potential*. New York: Ballentine Books.

Krampen, G. (1987). Differential effects of teacher comments. *Journal of Educational Psychology, 79*(2), 137–146. https://doi.org/10.1037/0022-0663.79.2.137.

Sternberg, R. J. (2001). Giftedness as developing expertise: A theory of the interface between high abilities and achieved excellence. *High Ability Studies, 12*(2), 159–179. https://doi.org/10.1080/13598130120084311.

# Wenn Wollen zum Problem wird

Inhaltsverzeichnis

11.1  Sehr geringe Ausprägungen des Wollens – 154

11.2  Hinweise zum Umgang mit sehr geringem Wollen – 154

11.3  Übermäßig hohe Ausprägungen des Wollens – 156

11.4  Hinweise zum Umgang mit übermäßigem Wollen – 156

Literatur – 157

© Springer Fachmedien Wiesbaden GmbH, ein Teil von Springer Nature 2021
M. E. Badewitz et al., *Schüler\*innen und Studierende motivieren*,
https://doi.org/10.1007/978-3-658-32516-9_11

Misserfolge sind in den seltensten Fällen ausschließlich auf mangelndes Können zurückzuführen. Neben zu geringen Fähigkeiten gibt es viele andere Hindernisse, die einem Erfolg im Weg stehen können. Eines dieser Hindernisse ist das Wollen. Übermäßig hohe ebenso wie sehr geringe Ausprägungen des Wollens können problematisch sein. Dabei ist mit diesem Wollen nicht lediglich eine sehr hohe oder niedrige Ausprägung der Motivation gemeint. Vielmehr bezieht sich das Wollen hier auf den Wert, der der Zielerreichung zugesprochen wird. In diesem Kapitel soll zunächst auf sehr geringe Ausprägungen des Wollens eingegangen werden und im Anschluss daran auf übermäßig hohe Ausprägungen.

## 11.1 Sehr geringe Ausprägungen des Wollens

Zu geringes Wollen liegt vor allem dann vor, wenn einem Ziel ein hoher Wert abgesprochen wird. So kann es sein, dass eine Person den Sinn eines von außen vorgegebenen Ziels nicht sieht oder nicht teilt. In der Folge ist diese nicht motiviert, sich zu engagieren, um das Ziel zu erreichen. Dies wird dann zum Problem, wenn derartige Ziele verfolgt werden müssen. So kann es sein, dass ein Schüler glaubt, dass ihm die in der Oberstufe unterrichteten Themen im Fach Mathematik für seinen späteren Beruf nichts nützen. Er hat daher nicht den Willen, sich mit diesen Themen zu beschäftigen. Dennoch hat dieser Schüler keine Wahl, weil er das Abitur für seinen Berufswunsch benötigt und dabei Mathematik Pflichtfach ist. Gerade wenn einem Ziel ein hoher Wert abgesprochen wird, kann der Wille, das Ziel dennoch zu verfolgen, so gering sein, dass sehr geringe bis keine Anstrengungen zur Zielverfolgung gezeigt werden. Darunter leidet in der Folge dann auch die eigene Leistung (Eccles und Wigfield 1995). Zusätzlich macht es auf Dauer unzufrieden, Ziele verfolgen zu müssen, in denen man keinen Mehrwert für persönliche, selbstgesetzte Ziele sieht.

Sehr geringe Ausprägungen des Wollens können an Aussagen folgender Art erkannt werden:
- Wozu soll ich das denn lernen, dass brauche ich doch später sowieso nie wieder!
- Ich will diese Hausarbeit nicht schreiben, das ist reine Schikane!
- Das bringt niemanden etwas, wenn ich das jetzt so tue, wie es von mir verlangt wird!

## 11.2 Hinweise zum Umgang mit sehr geringem Wollen

Motivationsförderung durch die Veränderung von Attributionen, wie sie im restlichen Band beschrieben wird, ist im Fall von sehr geringem Wollen erst einmal nicht angebracht, da es bei geringem Wollen weniger um den Glauben daran geht, ein Ziel verfolgen zu können. Es geht vielmehr darum, dass die Lernenden zunächst verstehen müssen, worin der Wert eines Ziels besteht, bevor nach Handlungsmöglichkeiten in der Verfolgung der Ziele gesucht wird.

## 11.2 · ÜHinweise zum Umgang mit sehr geringem Wollen

Folgende Vorgehensweisen können hilfreich sein, um den persönlichen Wert eines extern vorgegebenen Ziels für eine Person zu erhöhen und so in der Folge motiviertes Verhalten zu unterstützen (gemäß Eccles und Wigfield 1995).

1. **Nutzen des Ziels kommunizieren**
   Wissen darüber, wieso die Verfolgung eines bestimmten Ziels durch Außenstehende als lohnend angesehen wird, kann auch die eigene Beurteilung des Wertes dieses Ziels beeinflussen. Das wirkt sich wiederum auf die damit verbundenen Anstrengungen und Tätigkeiten aus. Lehrkräfte sollten daher den Lernenden aufzeigen, wie wichtig die Lerninhalte oder Prüfungsleistungen für ihre eigenen Ziele sind. Bei der Erläuterung des Nutzens der Ziele können insbesondere konkrete, auf die Lernenden angepasste Beispiele helfen, den persönlichen Nutzen für die Lernenden herauszustellen. So können zum Beispiel bestimmte Berufswünsche aufgegriffen und erläutert werden, welche Kompetenzen in diesen Berufen tatsächlich benötigt werden und wie diese Kompetenzen durch bestimmte Aufgaben und Anstrengungen in Schule und Hochschule erlernt werden. In diesem Zusammenhang können Beispiele von Werdegängen realer Personen hilfreich sein. Auch können alltägliche Situationen von Lernenden herausgegriffen werden, um einen Nutzen aufzuzeigen, so zum Beispiel die notwendigen Sprachkenntnisse für den nächsten Urlaub. Diese Darstellung des Nutzens unterstützt die Lernenden dabei, den Nutzen für sich persönlich wahrzunehmen und so in der Folge das Ziel auch als persönliches Ziel zu setzen und zu verfolgen.

2. **Anreize in der Aufgabe selbst betonen**
   Neben dem Nutzen einer Aufgabe, Tätigkeit oder eines Ziels für längerfristige Ziele von Lernenden kann auch ein unmittelbarer Anreiz zur Zielverfolgung vermittelt werden. Gerade bei neuen Zielen ist es hilfreich, zunächst deutlich zu machen, wieso eine Beschäftigung mit diesem Ziel interessant ist. Hat die Zielverfolgung etwas Besonderes, etwas, das fasziniert und dadurch den Wissensdurst weckt? Macht die Ausführung von bestimmten damit verbundenen Tätigkeiten Freude? Dabei ist es hilfreich, selbst enthusiastisch in Bezug zur Tätigkeit zu sein und Lernenden die Neugierde zu unterstellen, die neuen Inhalte kennenlernen zu wollen. Das gezielte Herausstellen von Aspekten, die etwas Faszinierendes oder Interessantes an sich haben oder welche Spaß bereiten, lassen einen intrinsischen Anreiz zur Beschäftigung mit einem Themengebiet deutlich werden. Solche in der Natur der Tätigkeit selbst liegenden Anreize erleichtern die Verfolgung eines Ziels enorm.

3. **Den Aufwand realistisch darstellen**
   Wenn es ungewiss ist, wie viel Arbeit auf einen zukommt, ist es schwer sich anzustrengen. Gerade wenn der Aufwand unterschätzt wird und es zu Schwierigkeiten in der Zielverfolgung kommt, stellen Personen schnell die angestrebten Ziele in Frage. Dadurch verlieren sie womöglich den Willen, das Ziel weiter zu verfolgen. Sinnvoll ist es daher, zu Beginn den notwendigen Aufwand realistisch darzustellen und auch ungewisse Aspekte bei der Zielverfolgung deutlich zu machen. So werden böse Überraschungen vermieden und Lernende können gleich zu Beginn besser einschätzen, was sie erwartet.

## 11.3 Übermäßig hohe Ausprägungen des Wollens

Im Gegensatz zu sehr geringem Wollen, wird bei übermäßig hohem Wollen einem Ziel sehr viel Bedeutung beigemessen oder dessen Wert sogar überschätzt. Personen, die ein sehr starkes Wollen zeigen, definieren sich selbst als Person über die Erreichung dieser Ziele. Bei einem Misslingen wird der eigene Wert der Person in Frage gestellt. So kann es beispielsweise sein, dass eine Studentin ihr Studium unbedingt mit der Note 1,0 abschließen möchte. Sie mag der Ansicht sein, dass ein schlechterer Abschluss davon zeugt, dass sie sich nicht genug angestrengt hat. Solch übermäßiges Wollen ist häufig in der Charaktereigenschaft Perfektionismus verankert. Es kann dazu führen, dass man sich selbst im Weg steht, zum Beispiel dadurch, dass man vor lauter Versagensängsten mehr Fehler in einer Prüfung macht, weil man sich selbst unter Druck setzt. Langfristig können übermäßig hohe Ausprägungen des Wollens auch zu psychischen Erkrankungen wie Depressionen oder Angstzuständen führen sowie auch die physische Gesundheit beeinträchtigen (Crocker und Park 2004; Schweitzer und Hamilton 2002).

Die folgenden Aussagen verdeutlichen beispielhaft sehr hohe Ausprägungen des Wollens:
- Ich muss mehr Zeit investieren, damit die Hausarbeit perfekt wird. Eine Pause kann ich mir nicht erlauben!
- Wenn ich bei diesem Referat nicht mein Bestes gebe, werde ich niemals eine gute Note bekommen. Das wird mir meinen ganzen Notendurchschnitt versauen und meinen Wunschstudienplatz kann ich vergessen.
- 100 Prozent zu geben reicht nicht, um eine gute Leistung zu erzielen!

## 11.4 Hinweise zum Umgang mit übermäßigem Wollen

Folgende Vorgehensweisen können hilfreich sein, um das Wollen auf ein angemessenes Maß zu senken (gemäß Crocker und Park 2004).
1. **Den Wert einer Person von der Zielerreichung lösen**
   Bei übermäßigem Wollen besteht gerade das Problem darin, dass sich Personen hauptsächlich über ihre Leistungsergebnisse identifizieren. Lehrkräfte sollten versuchen die Abhängigkeit des Selbstwertes einer*eines Lernenden von ihren*seinen Leistungen abzuschwächen. Es kann zum Beispiel helfen, Lernenden andere wichtige Werte aufzuzeigen, die für sie wichtig sind und nach denen sie handeln. So lernen sie, ihren eigenen Wert nicht nur von der Leistung im akademischen Kontext abhängig zu machen. Die eigene Identität und der Wert der eigenen Person können auch durch diese anderen wichtigen persönlichen Eigenschaften aufrechterhalten werden. Zudem kann der Wert einer Leistung für die eigene Identität dadurch abgeschwächt werden, dass eine gute Fehlerkultur aufgebaut wird. Dazu sollten Fehler als Lerngelegenheiten dargestellt werden, welche zum individuellen als auch gemeinschaftlichen Lernerfolg bei-

tragen. Es sollte somit explizit kommuniziert werden, dass Fehler gemacht werden dürfen. So wird eher ein Lernfortschritt als nur das bloße Leistungsergebnis als angestrebter Wert kommuniziert.

2. **Ein realistisches Anspruchsniveau entwickeln**
Ehrgeizige Ziele von Personen, die sich stark über ihre Leistung identifizieren, können gerade dann in ein übermäßiges Wollen umschlagen, wenn Erwartungen, die Lehrkräfte an eine gute Leistung stellen, nicht eindeutig formuliert oder den Lernenden nicht bewusst sind. Grund dafür ist, dass Lernende mit einer derartigen Abhängigkeit der eigenen Identität an der persönlichen Leistung Schwierigkeiten haben, Anforderungen selbst realistisch einschätzen zu können. In der Folge setzen Lernende ihre eigenen Standards oft deutlich höher als die Erwartungen, die von außen an die Person herangetragen werden. Lehrkräfte können mit einer klaren Darstellung von Leistungskriterien Lernenden helfen zu beurteilen, was sie für eine sehr gute Leistung erbringen müssen und was nicht. Hilfreich kann es auch sein, wenn Lernende als Richtschnur eine Zeitangabe erhalten, wie viel Zeit (in etwa) für eine bestimmte Aufgabe verwendet werden sollte.

## Literatur

Crocker, J., & Park, L. E. (2004). The costly pursuit of self-esteem. *Psychological Bulletin, 130*(3), 392–414. https://doi.org/10.1037/0033-2909.130.3.392.

Eccles, J. S., & Wigfield, A. (1995). In the mind of the actor: The structure of adolescents' achievement task values and expectancy-related beliefs. *Personality and Social Psychology Bulletin, 21*(3), 215–225. https://doi.org/10.1177/0146167295213003.

Schweitzer, R., & Hamilton, T. J. (2002). Perfectionism and mental health in Australian university students: Is there a relationship? *Journal of College Student Development, 43*(5), 684–695.

If you have any concerns about our products,
you can contact us on
**ProductSafety@springernature.com**

In case Publisher is established outside the EU,
the EU authorized representative is:
**Springer Nature Customer Service Center GmbH
Europaplatz 3, 69115 Heidelberg, Germany**

Printed by Libri Plureos GmbH
in Hamburg, Germany